オトナ女子のコンプレックス解消図鑑

TATSUYA WATANABE
渡部 龍哉

幻冬舎

はじめに

オトナ女子に、体型の悩みはつきもの！

- 気づいたら、好きな服よりも、体型が隠れる服を選ぶようになっている
- 就職や結婚、出産など、ライフステージによって体型の変化を感じている
- コンプレックスを、「親と同じような体型だから」と遺伝のせいにしたことがある
- InstagramやYouTubeのエクササイズに頑張って挑戦してみたけど、効果を感じられない
- エクササイズを始めて少し体型が変わったような気はするけど、根本的な解決はしていない
- 毎日の忙しさから、次第にエクササイズをする機会が減ってきた
- 崩れた体型を変えたいけど、どうしたらいいか分からない

……ひとつでも該当するものがあったあなた、大丈夫です！

「体型が崩れる原因を知り、
自分の姿勢やカラダの内側に意識を向け、
丁寧に動かす」

このシンプルなコツを続けるだけで、
ズレてしまった骨や関節は正しい位置に修正され、
コンプレックスはみるみる解消していきます。
今のカラダを変えられるのも、未来のカラダを作るのも、
あなただけにしかできないこと。
本書が、カラダが変わり、人生が変わる
きっかけとなる一冊になったら嬉しいです。

CONTENTS

はじめに …… 003

第1章 美しいボディラインって何がどう違う?

コンプレックスボディを作る危険な4大姿勢 …… 012
キーワードは「骨」と「重心」 …… 014
正しい立ち姿勢の作り方 …… 016
正しい座り姿勢の作り方 …… 018
「骨」をちゃんと知ることがコンプレックス解消の第一歩 …… 020
第2に、「筋肉」を正しく理解して使う! …… 022
エクササイズの効果を倍増させるコツ …… 024

第2章 平たい&四角い&垂れたお尻をどうにかしたい

あなたのお尻のタイプは? …… 028
オールフォワーズペンドラムは全てのコンプレックスを解消する基本 …… 030
スパイダーストレッチでお尻から太ももをスッキリさせる …… 032
フロッグストレッチで丸みのあるお尻を作る …… 034
ソラペルローテーションで腰上のお肉をスッキリさせる …… 036
クラム90でお尻と太ももの境目をクッキリさせる …… 038
クラム45でお尻の上部にボリュームを作り、ヒップアップする …… 040
お尻のタイプ1 のっぺりお尻 …… 042
のっぺりお尻の解消には、この筋肉にアプローチ! …… 044

太もも裏ストレッチでヒップアップさせる …… 046
お尻ストレッチ（仰向け）で お尻の形を整える …… 048
四股ストレッチで 股関節まわりの筋肉をほぐす …… 050
ヒンジバックで 骨盤を正しい傾きで安定させる …… 052
ヒンジバックツイストで骨盤を正しい 傾きで安定させる＆くびれを作る …… 054
ワンレッグデッドリフトで お尻に丸みを作る＆ヒップアップ …… 056

お尻のタイプ2 ほうらくお尻 …… 058

ほうらくお尻の解消には、 この筋肉にアプローチ！ …… 060
オープンブックストレッチで ウエストとお尻にメリハリを作る …… 062
Zツイストで美しいくびれを作る …… 064
アッパーバックエクステンション（イス）で 猫背を解消する …… 066
プローンサイドインターナル ローテーションで四角いお尻を丸くする …… 068
デッドバクスフロッグで骨盤を 前傾させる筋肉を使えるようにする …… 070
ワイドスクワットで 内ももを引き締めてお尻を丸くする …… 072

お尻のタイプ3 洋梨お尻 …… 074

洋梨お尻の解消には、 この筋肉にアプローチ！ …… 076
太もも外側リリースで 太ももの外ハリをほぐす …… 078
太もも前側リリースで 太ももの前ハリを解消する …… 080
お尻リリースでお尻の筋肉をほぐす …… 082
サイドアダクションで 内ももの筋肉を鍛える …… 084
キープランジで 太ももの前側を伸ばしながら使う …… 086
ヒップリフトで お尻の下部のたるみを撃退する …… 088

お尻のタイプ4 アヒルお尻 …… 090

アヒルお尻の解消には、この筋肉にアプローチ！ …… 092

腸腰筋ストレッチで太ももの前ハリと反り腰を解消 …… 094

太もも外側ストレッチで太ももの外ハリを解消 …… 096

お尻ストレッチ（イス）でお尻を柔らかく丸く …… 098

ペルビックティルトでガチガチに凝った腰まわりをほぐす …… 100

ヒップリフトワイドで横に広がったお尻を解消する …… 102

ニュートラルランジで内ももの引き締め&ヒップアップ …… 104

第3章 脚のゆがみを解消してスキニーデニムをはきたい

「美脚」ってどういう状態？ …… 108

あなたの脚のタイプはどれ？ …… 110

オープンレッグストレッチで内ももの柔軟性を高め、引き締める …… 112

シザースで股関節を柔らかく&太ももを引き締める …… 114

ダブルレッグローテーションで内ももの筋肉を柔らかく …… 116

脚のタイプ1 O脚 …… 118

O脚の解消には、この筋肉にアプローチ！ …… 120

フロッグキックで内ももとお尻に刺激を …… 122

スタンディングアダクションで内ももの筋肉にアプローチする …… 124

脚のタイプ2 X脚 …… 126

X脚の解消には、この筋肉にアプローチ！ …… 128

ヒップリフトフロッグで膝下のゆがみを解消する …… 130

バッククロスランジでお尻と内ももの筋肉を使う …… 132

脚のタイプ3　XO脚……134
XO脚の解消には、この筋肉にアプローチ!……136
トゥインニーアウトで膝下のゆがみを解消する……138
スタンディングレッグカールで太ももの裏内側を引き締める……140

第4章　太いふくらはぎをなんとかしたい!

ふくらはぎが細い人と太い人、どこが違う?……144
ふくらはぎが太くなる、日常生活の姿勢や所作……146
足指・足首リリースで硬くなった足指と足首をほぐす……148
下肢リンパリリースでふくらはぎをほぐして血液の流れを良くする……150
足指・足首トレーニングで足指・足首を正しく使う……152

第5章　隠すしかなくなったウエストまわりのお肉はどうする?

どうしてずんどう体型になる人とならない人がいるの?……156
肋骨と骨盤には超大きな関係が!……158
「うきわ肉」には意外な原因がある!……160
ソラシックツイスト（カール＆エクステンション）で固まった肋骨をほぐす……162
ソラシックペンドラムで肋骨を正しい形に整える……164
ソラシックツイストで肋骨を正しく動かす……166
ソラペルシザースで肋骨と骨盤を連動させる……168
ハーフニーリングツイストでずんどう体型と下半身太りを解消する……170
エルボープッシュアップツイストでくびれを作る……172

第6章 背中のはみ肉は危険信号！フェイスラインに影響!?

背中のはみ肉は、フェイスラインがたるむ予兆!? …… 176
頭を正しいポジションに置くとフェイスラインは美しくなる！ …… 178
肩甲骨の正しいポジションを知って、背中のはみ肉を卒業！ …… 180
首前（胸鎖乳突筋）ストレッチで首の前の筋肉をほぐす …… 182
首肩（僧帽筋）ストレッチで首の後ろの筋肉をほぐす …… 184
胸（大・小胸筋）のストレッチで肩を正しい位置に戻す …… 186
チンタックで頭を正しい位置に戻す …… 188
アッパーバックエクステンションで頭を正しい位置に戻す …… 190
Wトレーニングで肩甲骨まわりを引き締める …… 192

第7章 二の腕のたるみを気にせず、肩を出したい！

二の腕が太くなる意外な原因 …… 196
上肢リンパリリースでリンパや血流を良くし、腕肩まわりをスッキリ …… 198
指反りストレッチで首と肩をリラックスさせる …… 200
ディップスで肩甲骨をクッキリ&二の腕を引き締める …… 202
おわりに …… 204

第1章

美しいボディラインって何がどう違う？

「ボディラインが美しい人」と
「ボディラインが崩れている人」との違いは
何だと思いますか？
答えは、日常生活の姿勢や所作にあります。
床に落ちている物を拾う所作を例にあげてみましょう。
美しいボディラインの人は拾う時に
頭から骨盤までのラインがまっすぐなのに対して、
ボディラインが崩れている人は猫背になりながら物を拾います。
この章では、ボディラインを崩してしまう
姿勢や所作がどういうものか、
そして、それを改善するポイントをご紹介します。
日常の姿勢や所作を見直し、
コンプレックスのない美しいボディラインを手に入れましょう。

動画でCHECK!

LEARNING

PRACTICE

コンプレックスボディを作る 危険な4大姿勢

ポイント

- スマホ姿勢は、胸とお尻が垂れて、太ももの前側が太くなる
- 片脚重心（休めの姿勢）は、太ももの外側が太くなり、お尻が横に広がる
- 脚組み＆猫背は、お尻が垂れて、腰とお尻のメリハリがなくなる
- ひじ閉じ姿勢は、背中のはみ肉の原因になる

コンプレックスボディを作る姿勢

脚組み＆猫背

- お尻が垂れたり、四角くなる
- 腰とお尻のメリハリがなくなる

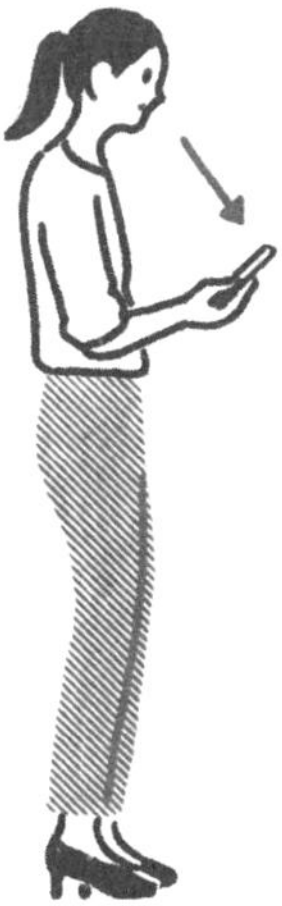

スマホ姿勢

- 骨盤が前にスライドするため、下っ腹がぽっこりする
- 胸とお尻が垂れる
- 太ももの前側が太くなる
- 二重アゴやずんどう体型に悩まされる

ひじ閉じ姿勢

- 肩コリや首コリに悩まされる
- 背中のはみ肉が気になるようになる

片脚重心

- 太ももの外側が太くなり、内もものお肉がたるむ
- お尻と太ももの境目がダボッとする

LEARNING
PRACTICE

キーワードは「骨」と「重心」

ポイント

- 正しい姿勢は7パーセントしか筋肉を使わない
- コンプレックスに悩んでいる人は、骨の位置がズレている
- 日本人に多いのは「スウェイバック姿勢」

正しい姿勢とは

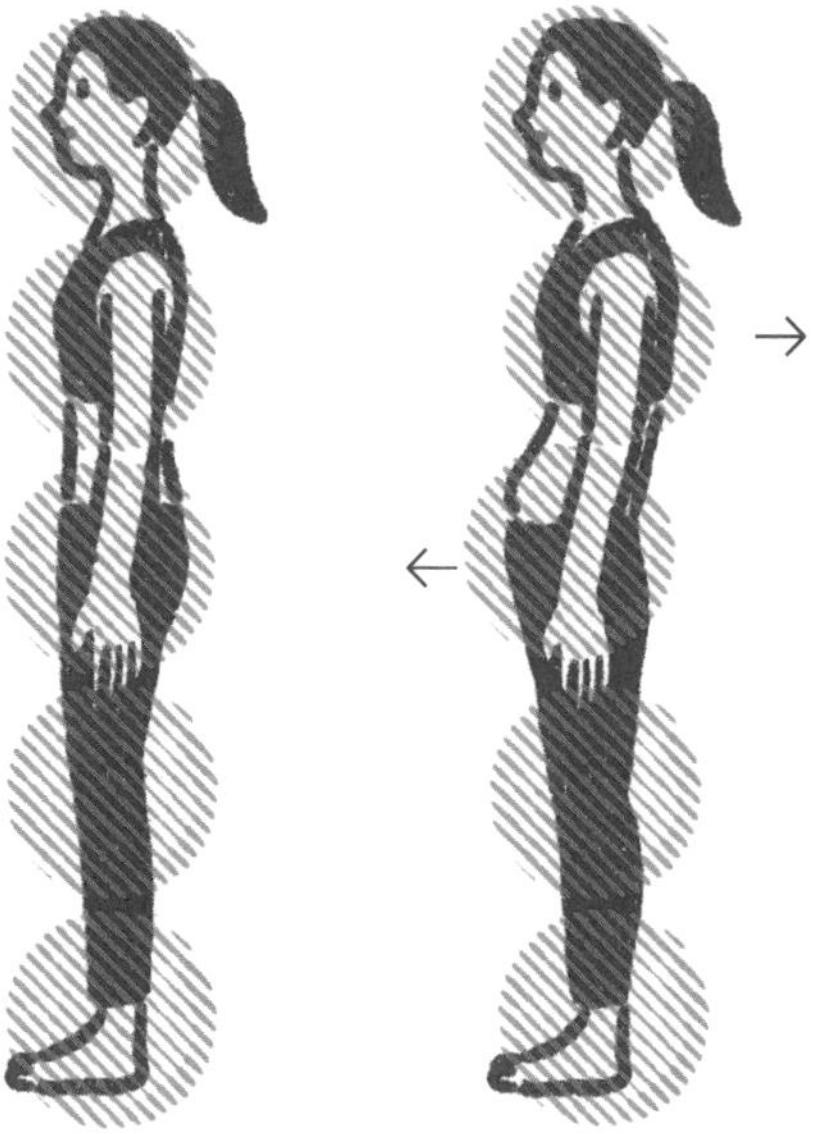

×
スウェイバック姿勢
骨盤が前に出て、上半身が後ろに傾いている状態

○
正しい姿勢
頭・肋骨・骨盤・膝・足の骨がバランス良くまっすぐ積み重なっている状態

仰《あお》向《む》けで寝ている状態の筋肉使用量が0パーセントと仮定すると、**正しい立ち姿勢は、7パーセントしか筋肉を使いません。**

ここでいう「正しい姿勢」とは、頭・肋骨《ろっこつ》・骨盤・膝・足の骨がバランス良くまっすぐ積み重なっている状態です。

また、7パーセントの筋肉だけで立つには、「重心」も重要になります。日本人に一番多いのが「スウェイバック姿勢」です。

ジェンガを想像してみてください。傾いて倒れそうになったら、バランスを取ろうと反対側に積み重ねていきますよね。それと同じで、「スウェイバック姿勢」の人は、骨盤が前にスライドしているため、上半身を後ろに傾け、バランスを取ろうとします。これにより、太ももの前側が太くなる、お尻が垂れる、下っ腹が出るなど、コンプレックスが増えていきます。

このように、**コンプレックスを生み出す原因の多くは、日常の姿勢や所作の中に隠れているのです。**

LEARNING

PRACTICE

正しい立ち姿勢の作り方

ポイント

- 週1のトレーニングより、日常の正しい姿勢
- 「頭頂と靴ひもの結び目の位置を上下に引っ張り合う」意識を保つ
- 姿勢が正しいと、お腹の奥が引き上がる感覚が生まれる

正しい立ち姿勢とは

- お腹の奥が引き上がる
- 内ももがカラダの中心に向かって引き上がる
- お尻が引き上がる
- 目線が上がる（2〜3㎞先を見るイメージで）
- 舌が上アゴにつく

日常で正しい姿勢を意識できた人と、1週間に1度、1時間のパーソナルトレーニングを頑張った人では、どちらがキレイなボディラインを得ることができるでしょうか。

正解は「日常で正しい姿勢を意識できた人」です。

週1のトレーニングを頑張ったとしても、筋肉には持続力がないため、ボディラインはすぐに崩れてしまいます。しかし**「日常で正しい姿勢を意識する」、これだけで、コンプレックスは解消できます。**

正しい立ち姿勢を維持するための一番簡単な方法は、「頭頂と靴ひもの結び目の位置を上下に引っ張り合う」意識を保つことです。

これができるようになると、お腹の奥が引き上がるような感覚が生まれるほか、**深い呼吸ができるようになるため、疲れが取れやすくなります。**正しい姿勢を意識し、美しいボディラインも、美しい内面も手に入れましょう。

LEARNING

PRACTICE

正しい座り姿勢の作り方

ポイント

- 仕事は変えられなくても、デスクまわりの環境を整えることはできる
- モニターの位置が低いと、エラが張る
- ひじを開くと肩が下がる
- 20分に1回は立ち上がるようにしよう

〜正しい座り姿勢とは〜

デスクワークなど、座って作業することの多い現代人にとって、「座らない仕事をしましょう」というのは不可能です。しかし、仕事は変えられなくても、正しい姿勢がキープできるようにデスクまわりの環境を整えることは可能です。

例えば、モニターの位置が低いと、目線が下がってアゴを引いてしまうため、噛む筋肉の緊張が高まり、**首コリ・肩コリになるだけでなく、エラが張ります。**目線が下がらないように台を置いてモニターの位置を上げたり、モニターのサイズを大きくすると良いでしょう。

長時間座っていると、カラダの関節が固まってしまい、動かしにくくなったり、お尻の下部の筋肉が使えず、**お尻の形が崩れたりしてしまいます。**

解消しようとやみくもに股関節を伸ばすと、反り腰の原因になってしまうので、まずは「20分に1回は立ち上がる」などの簡単な動作を意識的に行いましょう。

LEARNING

PRACTICE

「骨」をちゃんと知ることがコンプレックス解消の第一歩

ポイント

- 頭が5cm前に出ると、首のストレスは2倍になる
- 肋骨の形が崩れると、ずんどう体型になる
- 体表面積の1パーセントしかない足の裏に、200個以上の骨を乗せている

美しいボディラインに重要な骨

肩甲骨

肩甲骨が下がると、首のラインがスッキリする

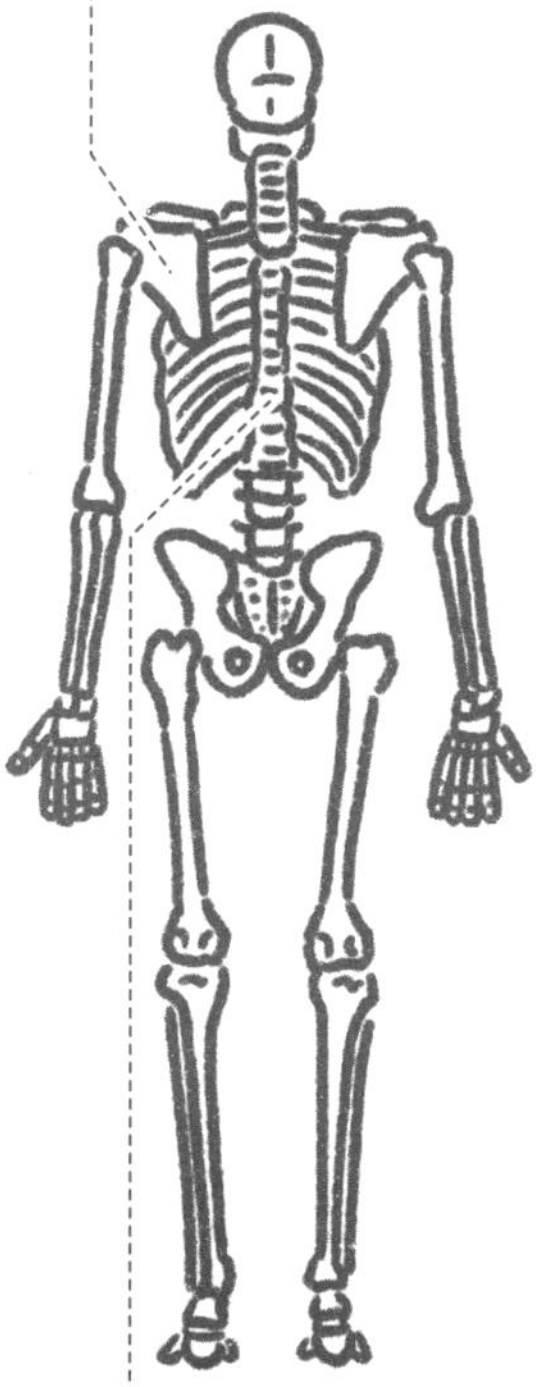

背骨

胸椎を動かせるようにすることが、コンプレックスを解消する近道

頭部

目線を遠くに。近いと頭は前に出る。頭が5cm前に出ると、首のストレスは2倍になる

肋骨

肋骨の形が崩れると、ずんどう体型になり、呼吸も浅くなる

骨盤

位置や傾きによって脚やお尻の形が変わってしまう

大腿骨

正しい動かし方に変えるだけで、みるみる細くなっていく

足部

体表面積の1パーセントしかない足の裏に、200個以上の骨を乗せて立っている

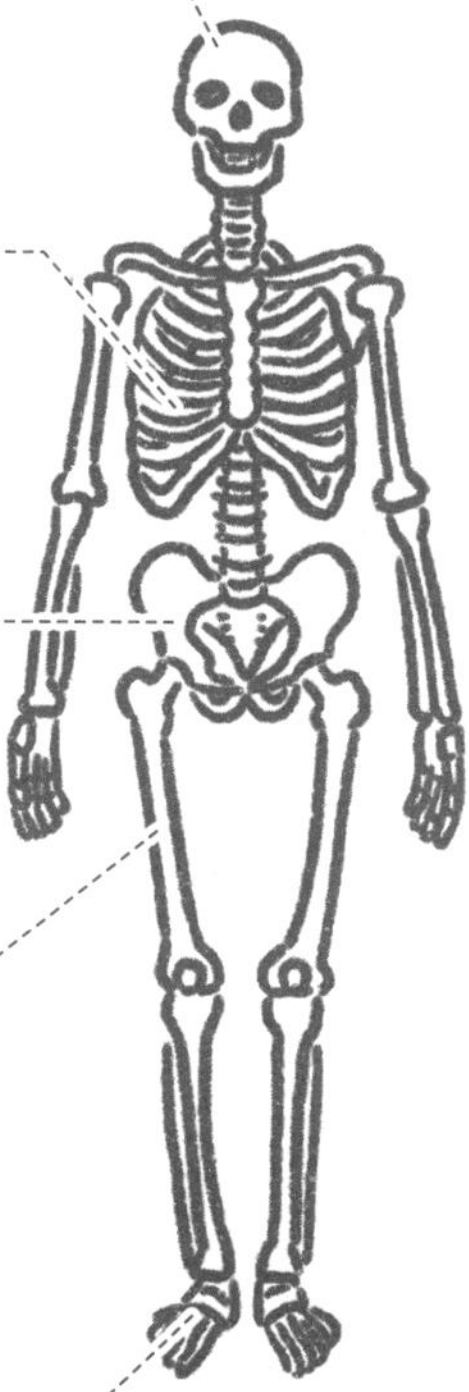

LEARNING

PRACTICE

第2に、「筋肉」を正しく理解して使う！

ポイント

- ✔「腸腰筋」が下半身太り解消のカギ
- ✔「恥骨筋」がうまく使えると、内ももが引き締まる
- ✔「臀筋」を上から下までくまなく使えると、お尻が丸くなる

美しいボディラインに重要な筋肉

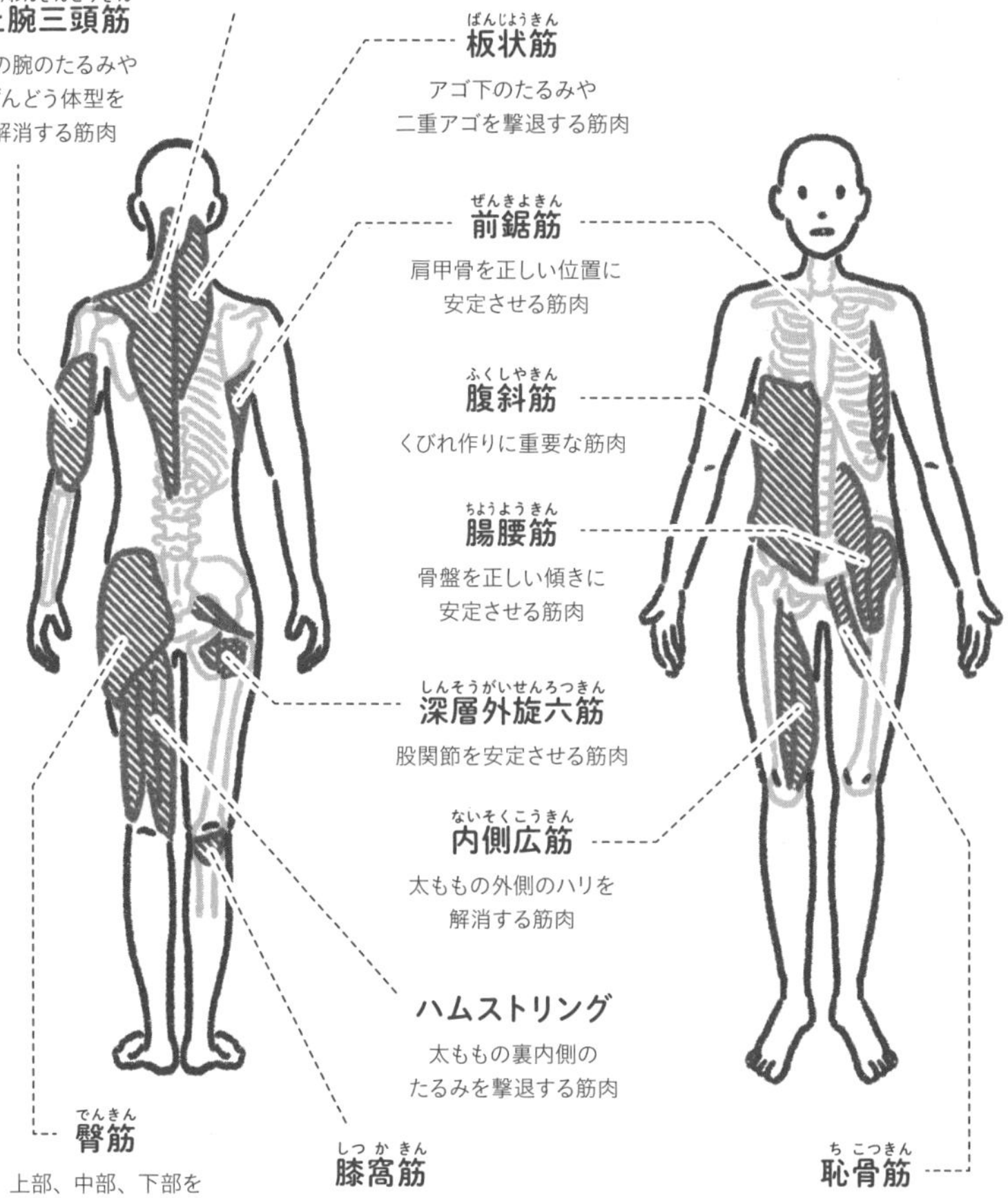

LEARNING

PRACTICE

エクササイズの効果を倍増させるコツ

ポイント

- 立ち姿勢では頭頂と靴ひもの結び目の位置を、座り姿勢では頭頂と坐骨を、上下に引っ張り合うイメージ
- お腹の奥と内ももが引き上がるイメージ
- アゴを引かないように、目線を高くキープ

まずはここから! スタート時の姿勢

エクササイズの効果は姿勢によって大きく変わります。まずは基本の姿勢を整えてから、各項目のエクササイズに臨みましょう。

座り姿勢

- 頭頂と坐骨を引っ張り合うイメージ
- お腹の奥と内ももが引き上がるイメージ
- アゴを引かないように、
目線を高くキープ
- 足幅・膝幅はこぶし1個分
- つま先と膝の向きを揃える

立ち姿勢

- 頭頂と靴ひもの結び目の位置を
上下に引っ張り合うイメージ
- お腹の奥と内ももが引き上がるイメージ
- アゴを引かないように、
目線を高くキープ

横向き寝姿勢

- 頭頂と坐骨を上下に引っ張り合うイメージ
- お腹の奥が引き上がるイメージ
- アゴを引かないように、
目線を目の高さにキープ
- ウエスト部分と床に
指2～3本分の隙間を作る

仰向け姿勢

- 頭頂と靴ひもの結び目の位置を
引っ張り合うイメージ
- お腹の奥と内ももが引き上がるイメージ
- アゴを引かないように、
目線を真上にキープ
- おでことアゴを結ぶ線が床と平行
- 腰と床に手のひら分の隙間を作る

第2章

平たい＆四角い＆垂れたお尻をどうにかしたい

「お尻が垂れて、脚が短く見える」
「四角いお尻を丸いお尻にしたい」
「ショーツからはみ出たお肉をどうにかしたい」
20代後半〜30代女性のコンプレックスの1つに「お尻」があります。
日頃から正しい姿勢を意識できていると
丸みのあるプリッとしたお尻になりますが、
猫背や反り腰のような悪い姿勢がクセになってしまうと
お尻は垂れたり、四角くなります。
このように、姿勢によって、良くも悪くもお尻の形は変化します。
第2章では、お尻を4つのタイプに分類します。
「全タイプ共通の基礎エクササイズ」→
「自分のお尻のタイプに合ったエクササイズ」の順に実践し、
理想のお尻を作っていきましょう！

動画でCHECK!

LEARNING

PRACTICE

あなたのお尻のタイプは？

ポイント

- お尻に厚みがなく、下側にたるみがある「のっぺりお尻」
- お尻が垂れて、背中からお尻にメリハリがない「ほうらくお尻」
- お尻の下側と太ももの外側がガッチリしている「洋梨お尻」
- お尻が横に広がり、太ももの前側がガッチリしている「アヒルお尻」

お尻のタイプチェック法

① 壁から10cm程度離れた位置に立つ（背中やお尻が壁に触れない位置）。
正しい姿勢を意識せず、いつも通りの姿勢で。
② 少しずつ後ろに下がり、背中、お尻のどちらかが壁に触れたら、
ストップする（判断が難しい場合は、カラダと壁の隙間を確認する）。

背中は壁にあたる。
お尻は壁にあたらない

▼のっぺりお尻（P42）

背中は壁にあたる。
お尻は壁にあたる or
ギリギリあたらない

▼洋梨お尻（P74）

背中は壁にあたる。
お尻は壁にギリギリあたらない。
頭は壁にあたらない

▼ほうらくお尻（P58）

お尻は壁にあたる。
頭は壁にあたる or
ギリギリあたらない

▼アヒルお尻（P90）

LEARNING PRACTICE

オールフォワーズペンドラムは 全てのコンプレックスを 解消する基本

効果

- ✔ 背骨まわりと股関節の柔軟性がアップする
- ✔ 猫背や反り腰が改善する
- ✔ くびれの位置を上げることで、脚長効果を狙うことができる

スタートポジションのポイント

四つんばいになる／頭が下に落ちないように／肩の下に手首／股関節の下に膝／足幅・膝幅はこぶし1個分

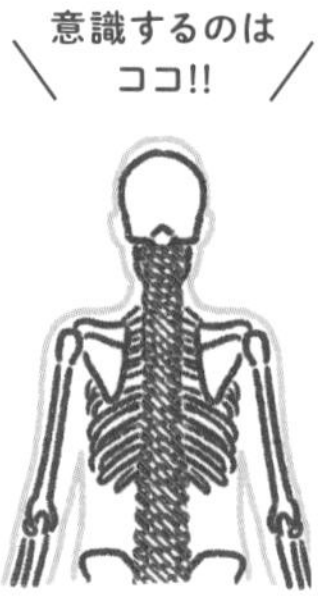

PROCESS. 1

みぞおちを中心に背中を丸めたり、反ったりを繰り返す

▶ **頭だけを動かしやすいので注意**

PROCESS. 2

みぞおちを振り子のように左右に動かす

▶ **肩や骨盤が左右にズレないように**

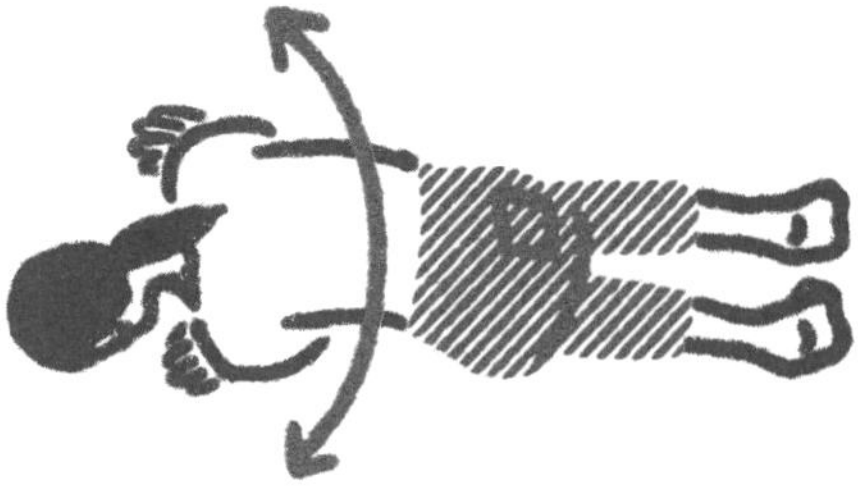

PROCESS. 3

みぞおちを上→右→下→左と、円を描くように回す。反対回しも行う

▶ **大縄回しのイメージで**

各PROCESS 10往復 目標

LEARNING PRACTICE

スパイダーストレッチで
お尻から太ももを
スッキリさせる

効果

- 横に広がったお尻のお肉をスッキリさせる
- お尻と太ももの境目をクッキリさせる
- 太ももの前ハリを緩和し、スッキリさせる

スタートポジションのポイント

右脚を前に出して、両手を床につく／肩の下に手首／右脚のつま先と膝は30度外側に向ける／後ろ脚のかかとが外側に倒れないように

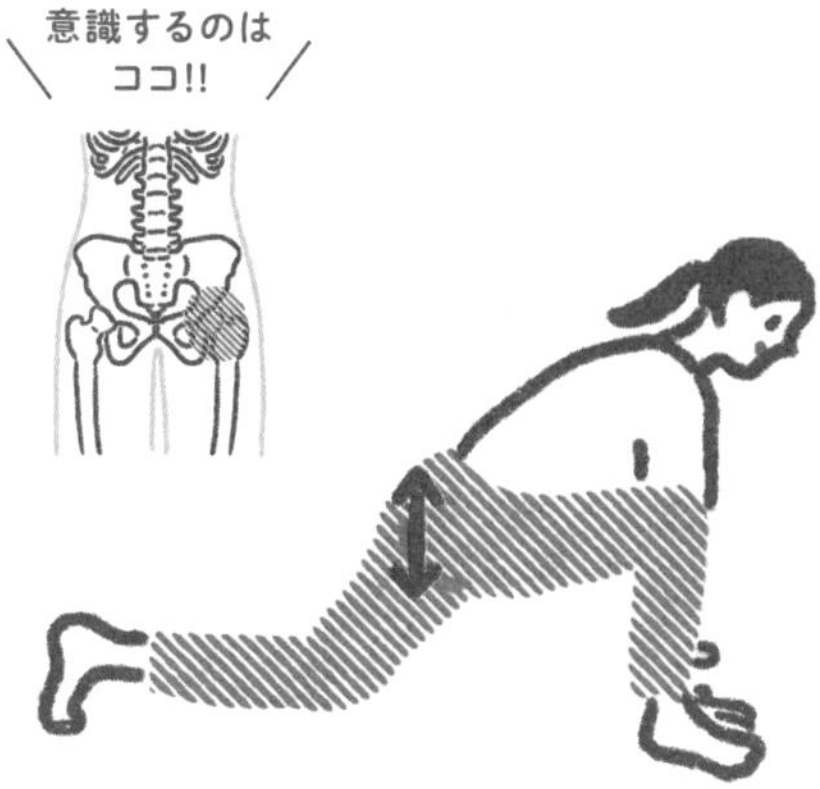

PROCESS. 1

後ろ脚の膝を床から浮かし、股関節を支点に上下にバウンドする

- ▶ バウンドする時に膝が内側に入りやすいので注意
- ▶ 骨盤が横にズレやすいので注意

目標 左右入れ替えて20回ずつ

PROCESS. 2

お尻を後ろに引いて、右脚を伸ばす。太ももの裏側をストレッチし、スタートポジションに戻る

目標 左右入れ替えて10回ずつ

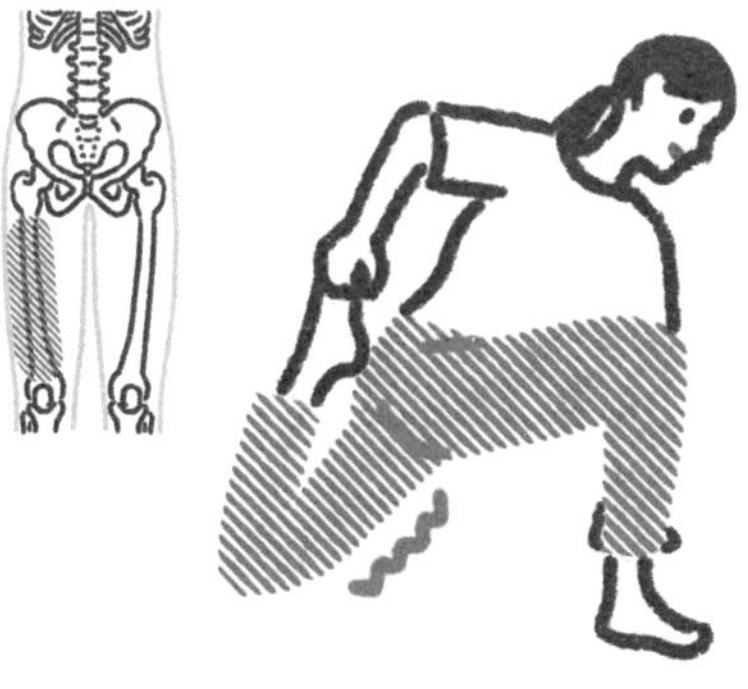

PROCESS. 3

左脚の膝を曲げ、右手で左の足先を持つ。かかとをお尻に近づける

- ▶ お尻を後ろに引かないように注意
- ▶ やりづらい人は足首にタオルを引っかける

目標 左右入れ替えて30秒間ずつ

LEARNING PRACTICE

フロッグストレッチで 丸みのあるお尻を作る

効果

- ✓ お尻や内ももの筋肉の柔軟性がアップする
- ✓ ヒップアップに重要な腸腰筋が使えるようになる
- ✓ 階段を上る時にお尻の筋肉を使えるようになる

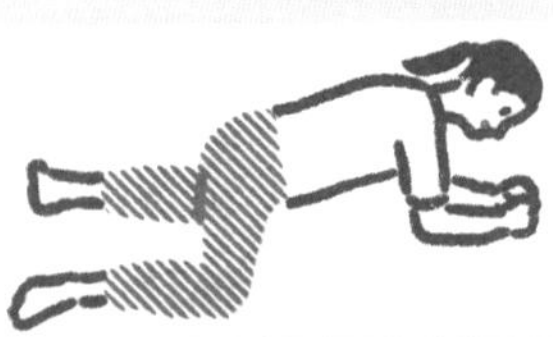

スタートポジションのポイント

ひじをついて四つんばいになる／頭が下に落ちないように／肩の下にひじ／股関節の横に膝

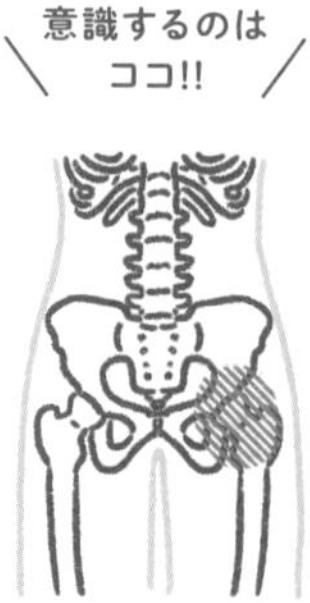

PROCESS. 1

頭・肋骨・骨盤を一直線にすることを意識しながら、お尻を後ろに引く

- 背中が丸まらないように注意
- 股関節に違和感がある場合は無理をしない

目標 10回

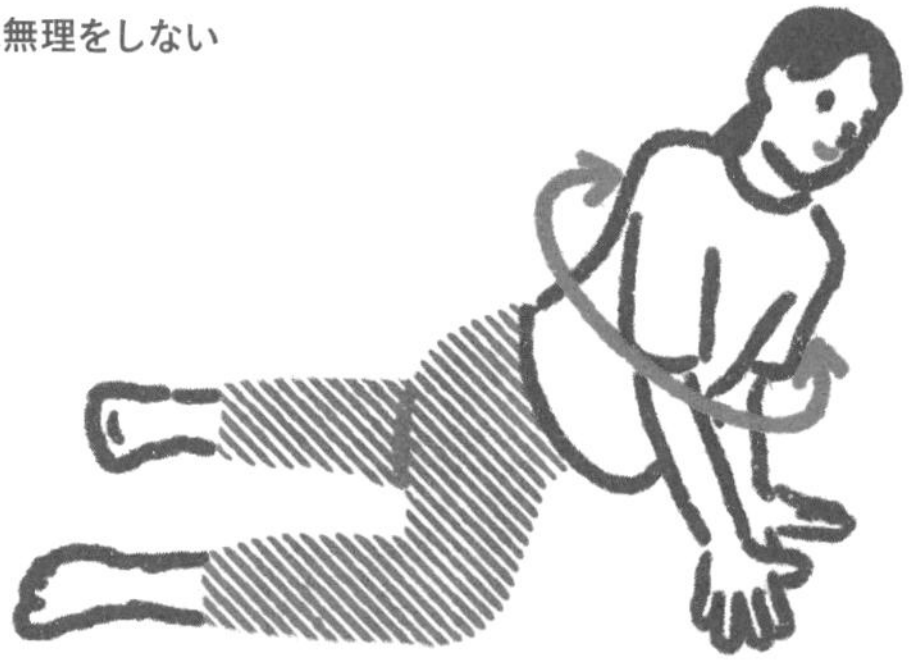

PROCESS. 2

ひじをついていた場所に手をつき、胸から上半身を
左右にツイストする

- 肩だけの動きにならないように注意
- 頭が下に落ちないように注意

目標 左右交互に10回

LEARNING PRACTICE

ソラペルローテーションで腰上のお肉をスッキリさせる

効果

- ウエストからお尻にメリハリを作る
- 骨盤→太ももの順に動かせるようになると、下半身太りが解消する
- わき腹の筋肉を使い、くびれを作る

スタートポジションのポイント

膝を立てて座る／脚幅は骨盤幅より大きく開く／つま先と膝の向きを揃える

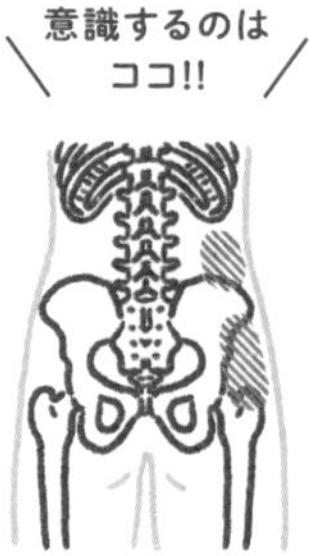

PROCESS. 1

骨盤からツイストさせ、
両膝を右へ倒す

▶ 骨盤→太ももの順に動かす
▶ わき腹の筋肉を
使うイメージで

PROCESS. 2

左の腹斜筋（わき腹）を使いながら、カラダを右へツイストする

▶ 骨盤から動かすことを意識する
▶ 上半身が後ろに
倒れやすいので注意

目標 左右交互に10往復

LEARNING

PRACTICE

クラム90で お尻と太ももの境目を クッキリさせる

効果

- ✔ お尻の下部に丸みを作る
- ✔ お尻と太ももの境目をクッキリさせる
- ✔ X脚やO脚などの脚のゆがみを解消する

スタートポジションのポイント

頭が落ちないように枕を用意する／横向きで寝る／股関節と膝を90度に曲げる

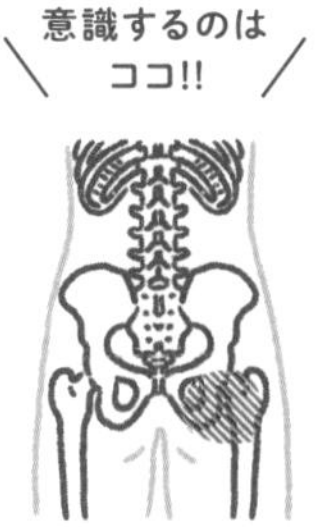

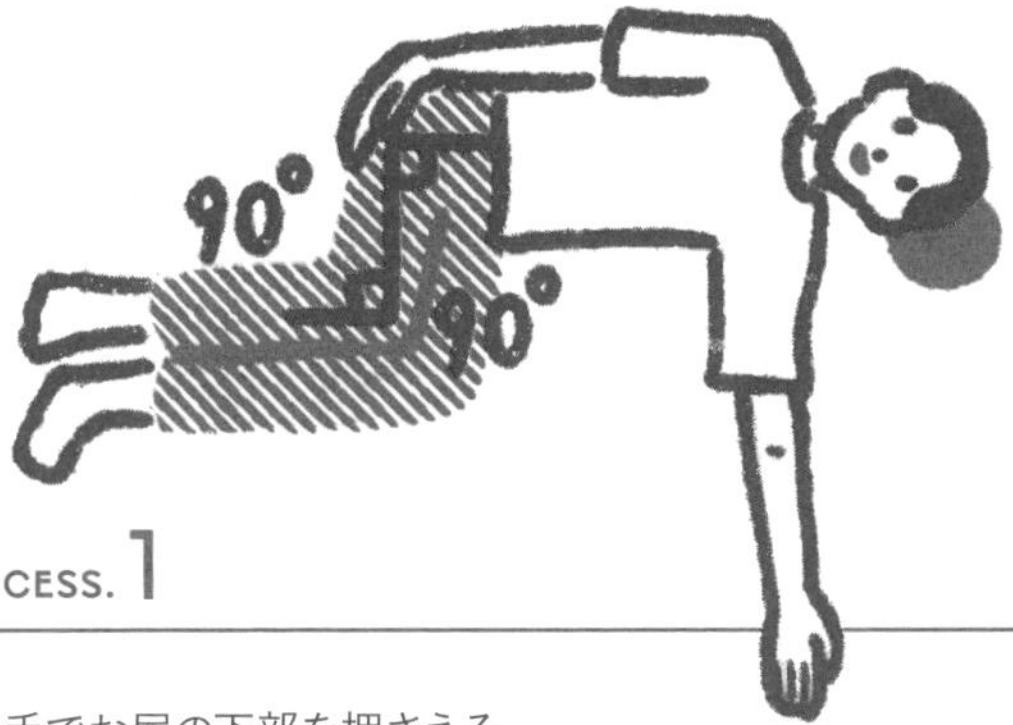

PROCESS. 1

上の手でお尻の下部を押さえる

▶ 頭・肋骨・骨盤が一直線になるように
▶ 目線が下を向かないように注意

PROCESS. 2

お尻の下部を中心に引き寄せながら、
上側の膝を開く。その位置で膝を開いたり閉じたりする

▶ 膝だけの動きになりやすいので注意
▶ お尻に効かない場合は、10～20秒キープしてから
開いたり閉じたりするとGOOD

左右入れ替えて20回ずつ 目標

LEARNING

PRACTICE

クラム45で
お尻の上部にボリュームを
作り、ヒップアップする

効果

- お尻の上部にボリュームを作る
- お尻を丸く立体的にできる
- 平たいお尻を解消する

スタートポジションのポイント

頭が落ちないように枕を用意する／
横向きで寝る／股関節を45度、膝を90度に曲げる

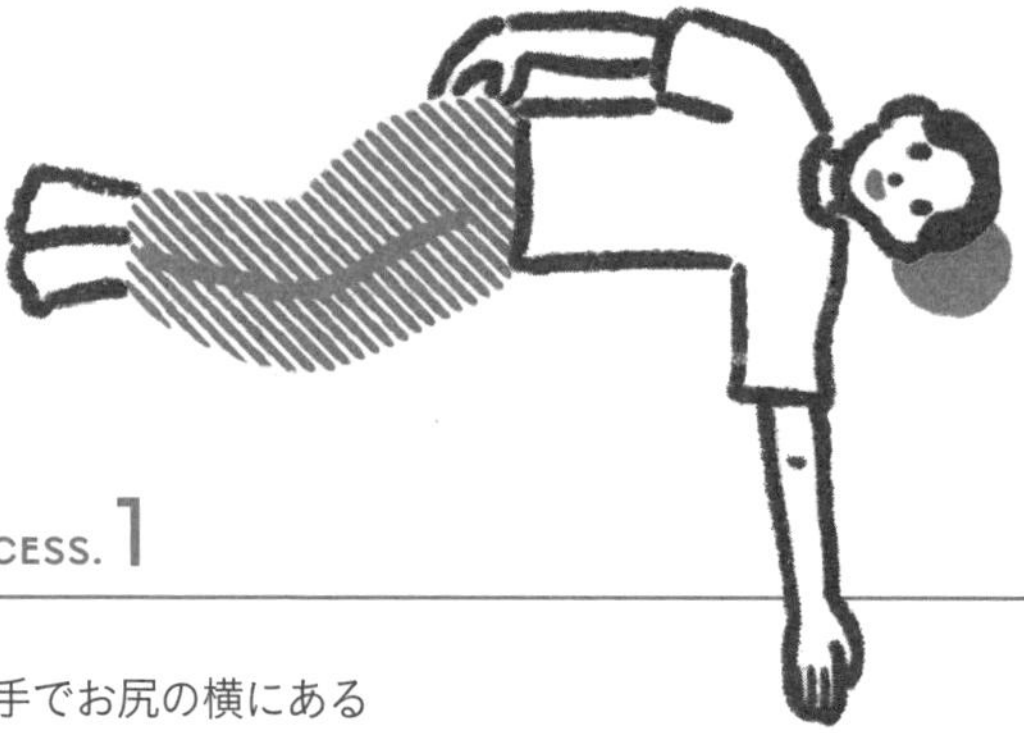

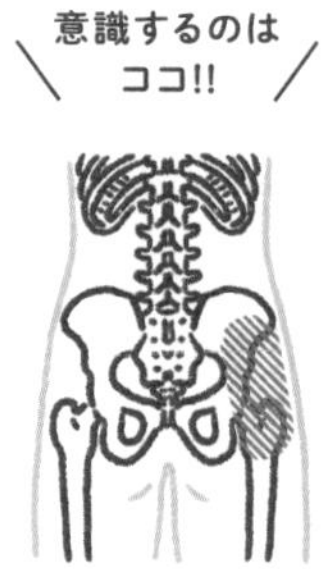

PROCESS. 1

上の手でお尻の横にある
ボコッとした骨（大転子）を触る

- **頭・肋骨・骨盤が一直線になるように**
- **目線が下を向かないように注意**

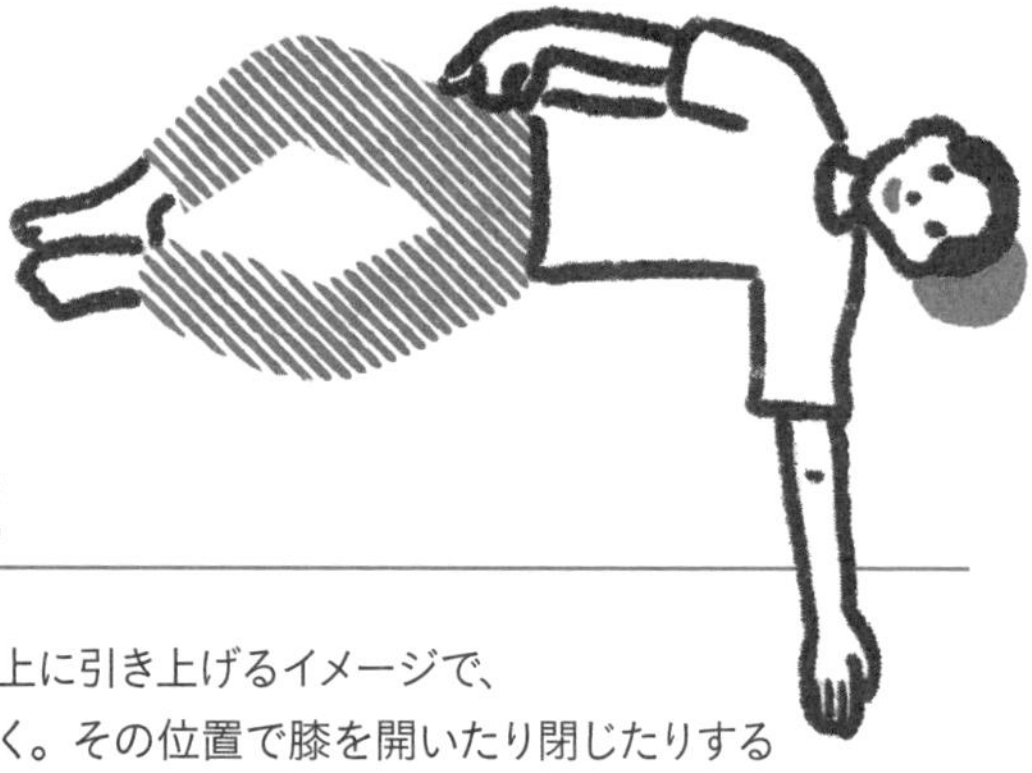

PROCESS. 2

大転子を斜め上に引き上げるイメージで、
上側の膝を開く。その位置で膝を開いたり閉じたりする

- **反り腰になりやすいので注意**
- **お尻に効かない場合は、10～20秒キープしてから開いたり閉じたりするとGOOD**

目標 左右入れ替えて20回ずつ

お尻のタイプ1
のっぺりお尻

スマホ首の人、お腹を突き出すクセのある人、筋肉量が少ない人に多いのが、「のっぺりお尻」です。

「のっぺりお尻」とは、**全体的に厚みがなく、下部にたるみがあるお尻**のことを指します。

のっぺりお尻タイプの人のスタイルの特徴は、下っ腹がぽっこり出ている、バストが下がっている、頭が前に出ている「隠れ猫背」などです。

＼のっぺりお尻タイプの人はこんな人／

- ✔ **頭だけが前に出ている「隠れ猫背」の人が多い**
- ✔ **下っ腹がぽっこり出ている**
- ✔ **お尻に厚みがなく、お尻の下部にたるみがある**

のっぺりお尻タイプの人の特徴

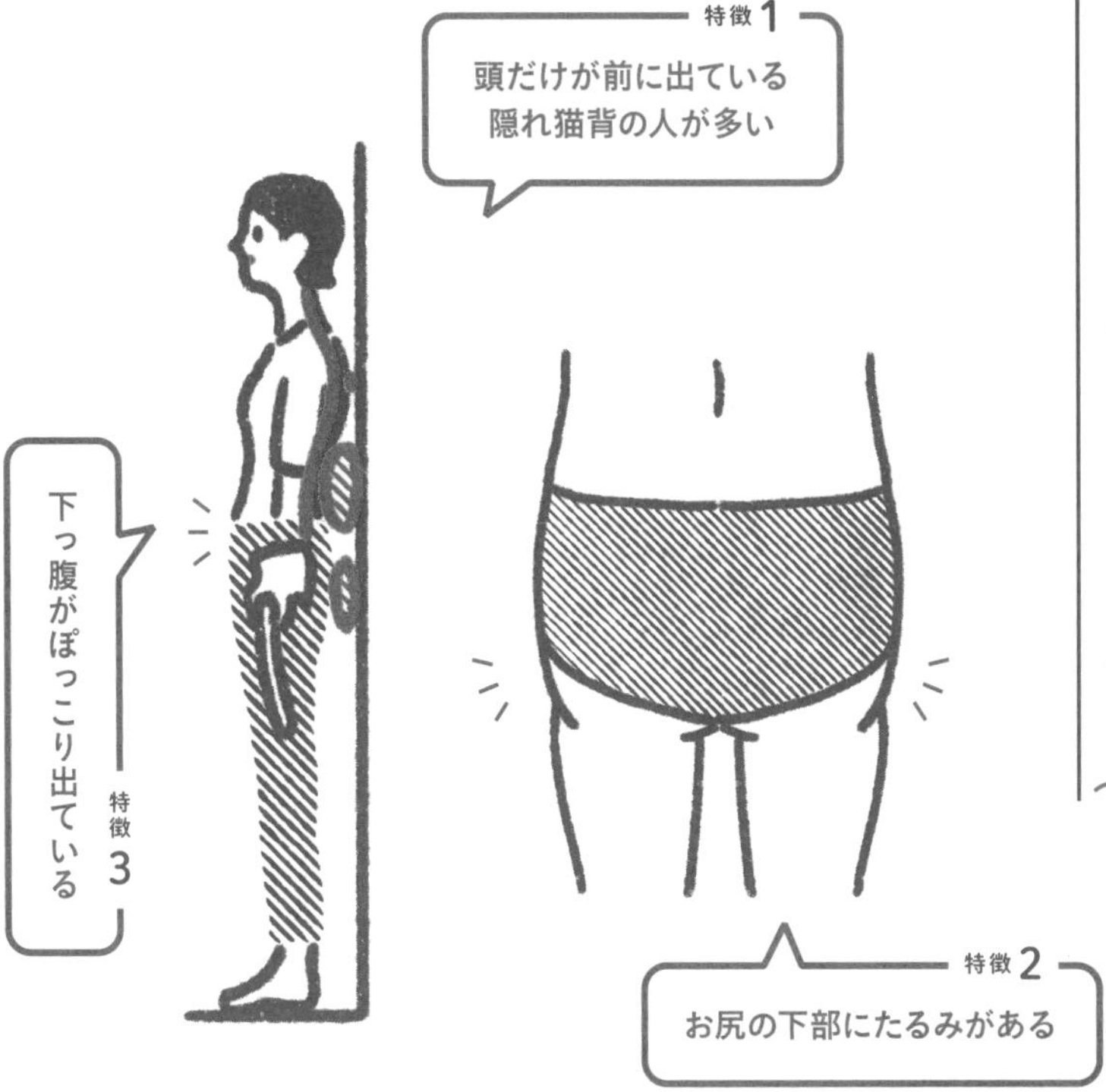

（解消法）

スマホを見る時など、下を向く機会が多いと、骨盤が前にスライドしてしまいます。
スマホを持つ位置を高くしたり、目線を上げて歩くことをオススメします。

（原因）

骨盤を前にスライドさせて立っていることが原因です。それを支えるために、股関節の前側にある靭帯《じんたい》や太もも前側の筋肉が頑張りすぎてしまうため、反対側のお尻の筋肉はサボってしまい、のっぺりと薄くなります。

のっぺりお尻の解消には、この筋肉にアプローチ！

ポイント

- 太ももの裏側とお尻の柔軟性がのっぺりお尻には大切
- 背骨と脚の付け根を結ぶ腸腰筋をうまく使うことができないと、太ももの前側が太くなる
- くびれ筋（外腹斜筋）を使ってツイストすると、猫背が解消する

のっぺりお尻タイプの人が意識するべき筋肉

黒＝使いすぎている筋肉
ピンク＝使うと良い筋肉

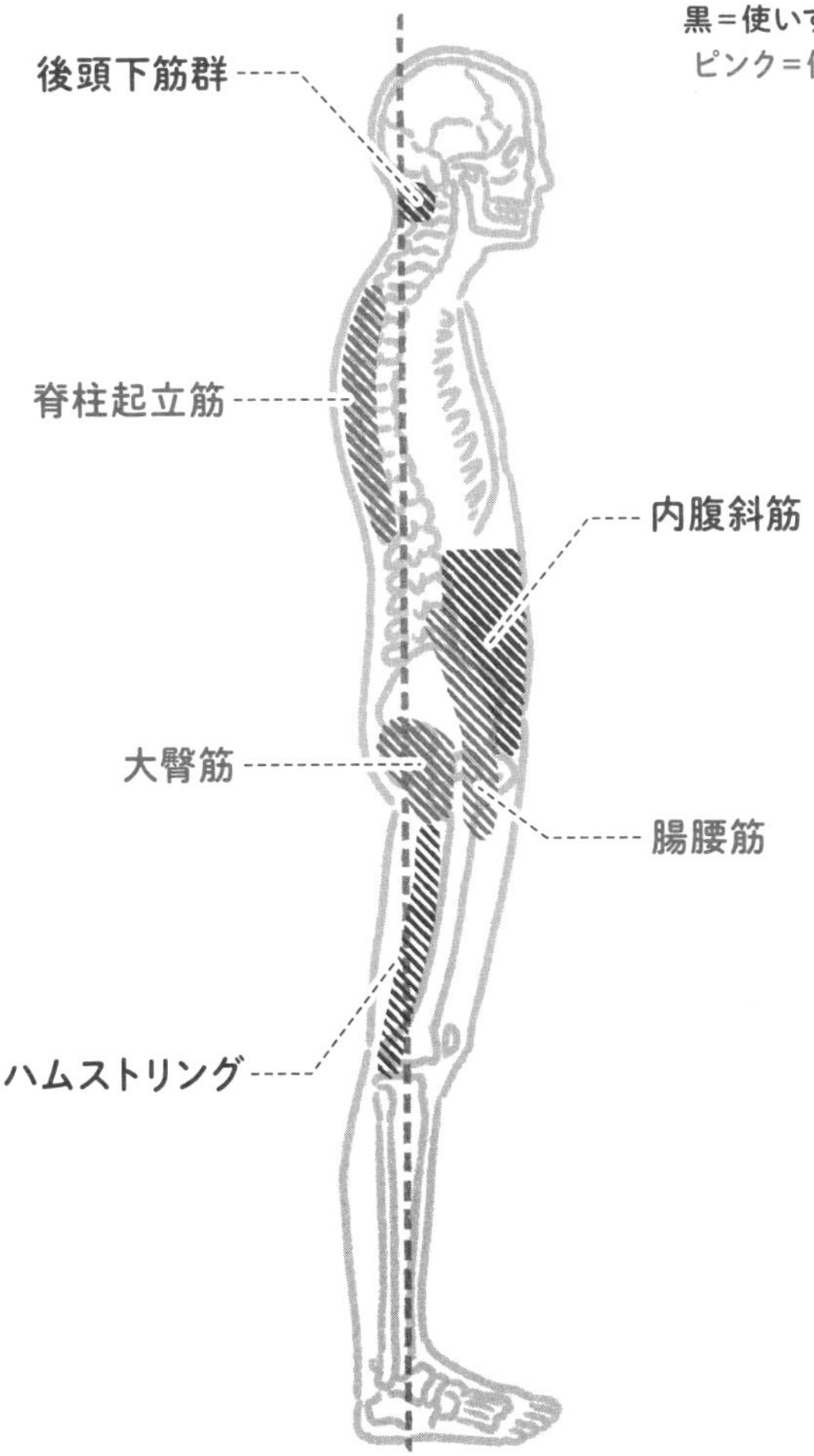

お尻／のっぺりお尻

LEARNING PRACTICE

太もも裏ストレッチで ヒップアップさせる

効果

- 骨盤が正しい傾きに改善される
- お尻と太ももの境目のダボッとしたお肉がなくなる
- お尻と太ももの境目がクッキリする

スタートポジションのポイント

仰向けで寝る／足幅はこぶし1個分／腰と床の間に手のひら分の隙間をあける

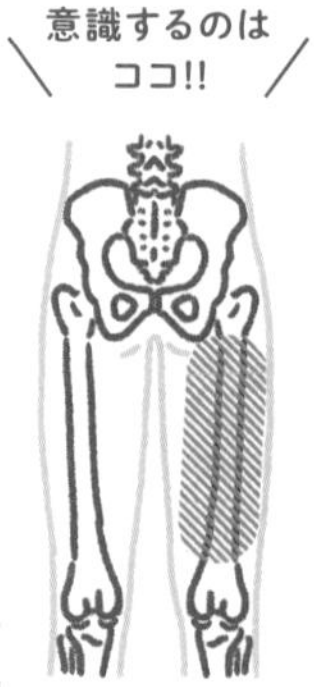

PROCESS. 1

片足にフェイスタオルを引っかける

- 「おでことアゴを結ぶ線」が床と平行になるように
- つま先と膝の向きを揃える

PROCESS. 2

タオルを引き寄せ、太ももの裏側を伸ばす

- アゴが上がりやすいので注意
- お尻が床から離れやすいので注意

目標 左右20秒間ずつ

PROCESS. 3

膝を曲げてタオルを引き寄せ、お尻と太ももの境目を伸ばす

- 引き寄せてから、少し膝を伸ばすとストレッチ感がアップ
- お尻が床から離れやすいので注意

目標 左右入れ替えて20秒間ずつキープ

お尻ストレッチ（仰向け）で お尻の形を整える

効果

- お尻に丸みができる
- お尻の筋肉が日常的に使いやすくなる
- お尻の下部のお肉がスッキリする

スタートポジションのポイント

膝を立てて寝る／足幅はこぶし1個分／
腰と床の間に手のひら分の隙間をあける

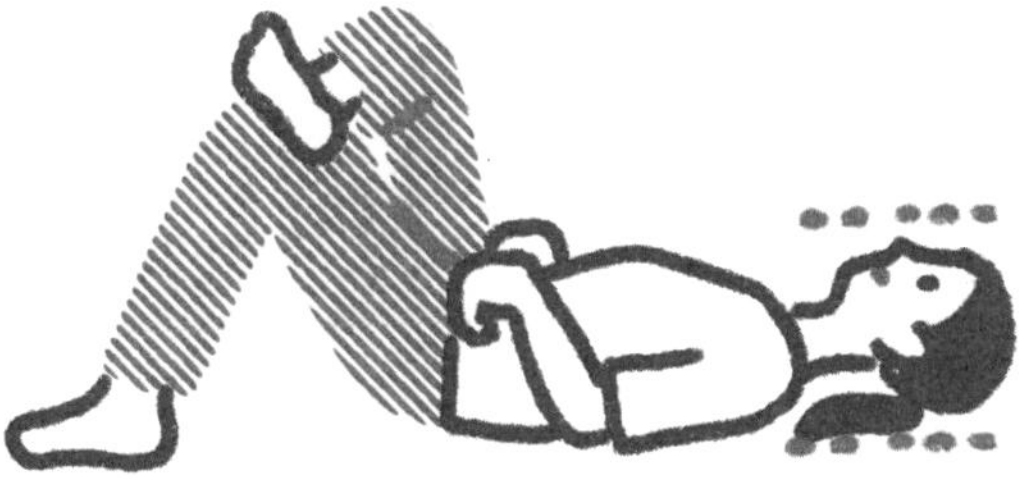

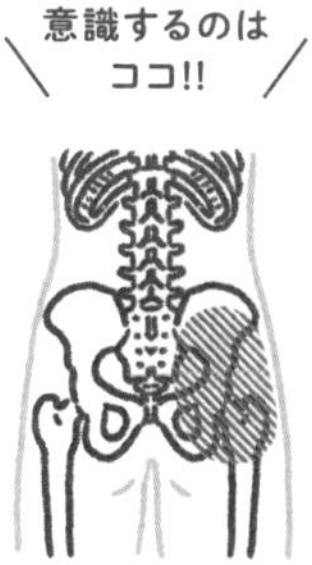

PROCESS. 1

右足を左脚の太ももの上に乗せる

▶ **上に乗せた脚の骨盤が上がりやすいので注意**
▶ **「おでことアゴを結ぶ線」が床と平行になるように**

PROCESS. 2

左脚の膝を両手で抱えて引き寄せ、
お尻の筋肉を伸ばす

▶ **アゴと肩が上がらないように注意**
▶ **股関節が痛い場合は、四股ストレッチ（P.50）をするとGOOD**

左右入れ替えて20秒間ずつキープ　目標

お尻／のっぺりお尻

LEARNING

PRACTICE

四股ストレッチで股関節まわりの筋肉をほぐす

効果

- 股関節まわりの柔軟性がアップする
- 骨盤を前傾させる筋肉（腸腰筋）が使えるようになる
- 内ももが引き締まる

スタートポジションのポイント

空気イスの状態でしゃがむ／
つま先と膝の角度を45度外側に広げる／
ひじを太ももに乗せる

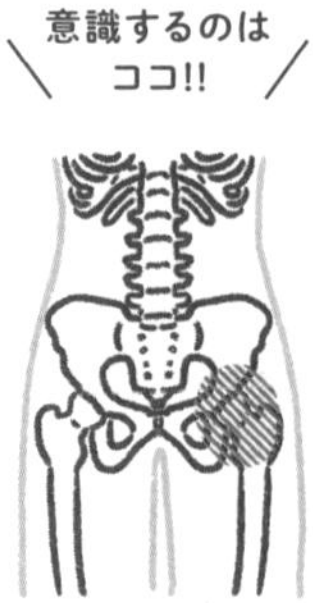

PROCESS. 1

股関節を支点にして、カラダを上下にバウンドする

- ▶骨盤が後傾しないように
- ▶頭・肋骨・骨盤が一直線になるように
- ▶スネが床に対して垂直になるように

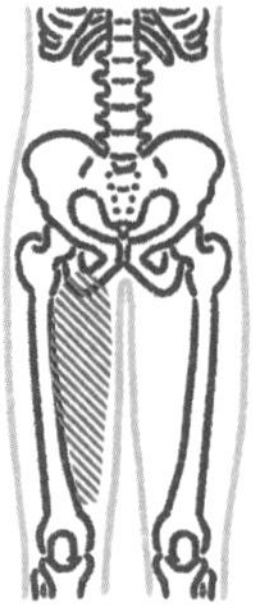

PROCESS. 2

股関節を支点に、上半身を前に倒して戻す

- ▶頭だけの動きにならないように
- ▶骨盤が後傾しないように

各PROCESS　20回　目標

ヒンジバックで骨盤を正しい傾きで安定させる

効果

- ✓ 骨盤が正しい傾きで安定する
- ✓ 骨盤を前傾させる筋肉（腸腰筋）が使えるようになる
- ✓ 下半身太りが解消する

スタートポジションのポイント

膝を立てて床に座る／
つま先と膝の向きを揃える

PROCESS. 1

頭・肋骨・骨盤を一直線にキープしながら、上半身を後ろに傾ける

- ▶ **骨盤が後傾しないように注意**
- ▶ **首を長くするイメージで**

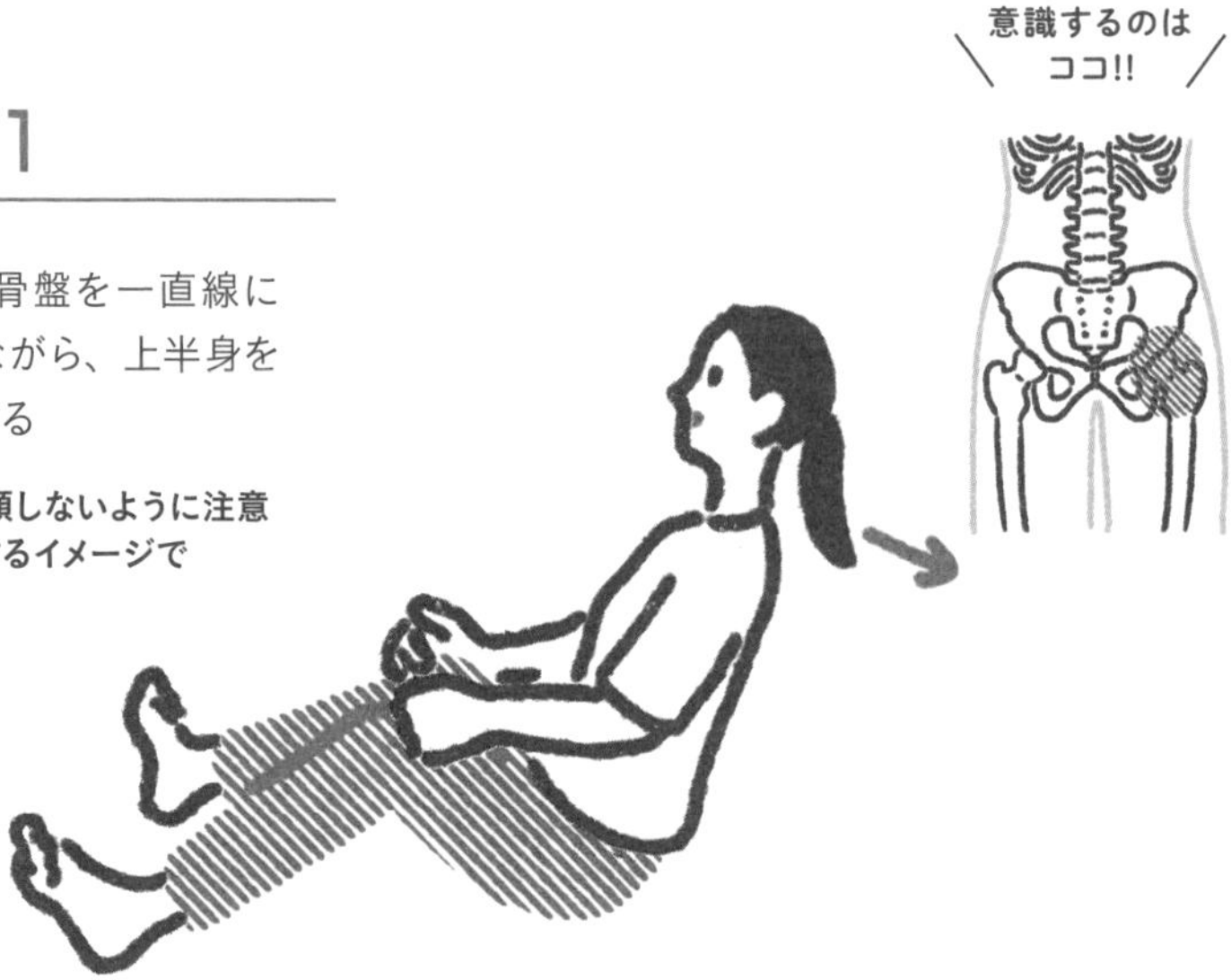

PROCESS. 2

両手を前に伸ばし、片手を上げる

- ▶ **腕を上げすぎると、反り腰になりやすいので注意**
- ▶ **頭が前に出ないように**

目標 左右交互に10回ずつ

ヒンジバックツイストで 骨盤を正しい傾きで安定させる＆くびれを作る

効果

- ✔ 骨盤が正しい傾きで安定する
- ✔ 胸椎と肋骨を柔軟に動かすことができるようになる
- ✔ くびれができる

スタートポジションのポイント

膝を立てて床に座る／
つま先と膝の向きを揃える

PROCESS. 1

頭・肋骨・骨盤を一直線にキープしながら、上半身を後ろに引く

- ▶骨盤が後傾しないように
- ▶首を長くするイメージで

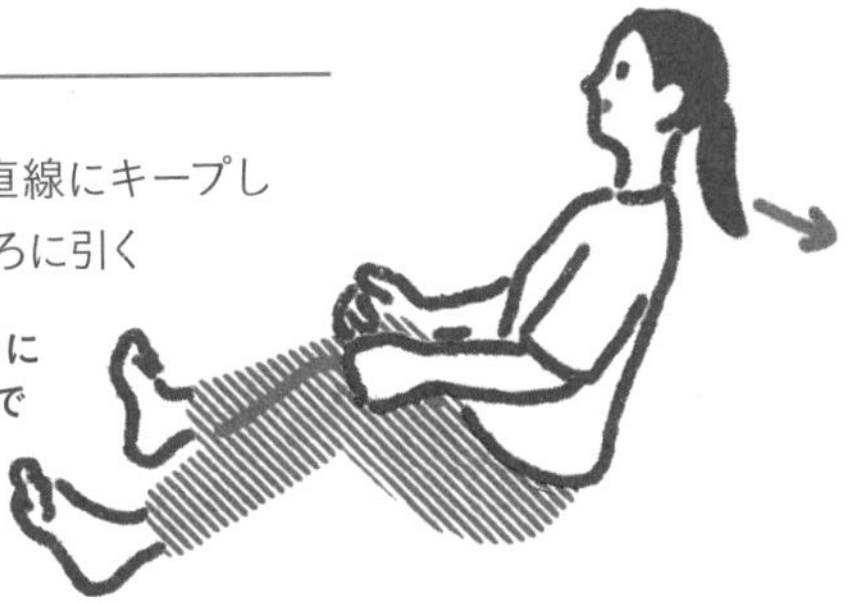

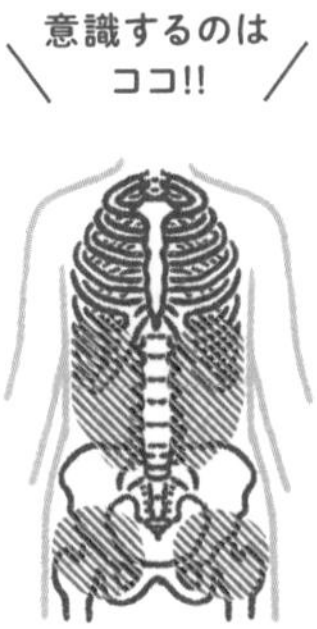

PROCESS. 2

胸の前でルービックキューブを持つようなポーズをとる

- ▶頭が前に出ないように

PROCESS. 3

左手は前回し、右手は後ろ回しをしながら、胸を右側へツイストする

- ▶手だけでツイストしないように注意
- ▶息を吐きながら行うと効果アップ

左右交互に20回ずつ　目標

お尻／のっぺりお尻

LEARNING

PRACTICE

ワンレッグデッドリフトで お尻に丸みを作る＆ヒップアップ

効果

- お尻と太ももの境目がクッキリする
- お尻に丸みが出る＆ヒップアップ
- 内ももが引き締まる

スタートポジションのポイント

壁に手をついて立つ／つま先と膝の向きを揃える

PROCESS. 1

壁と反対側の脚を床から浮かす

- **お腹の奥と内ももが引き上がる感覚をキープ**
- **骨盤が横にズレないように**

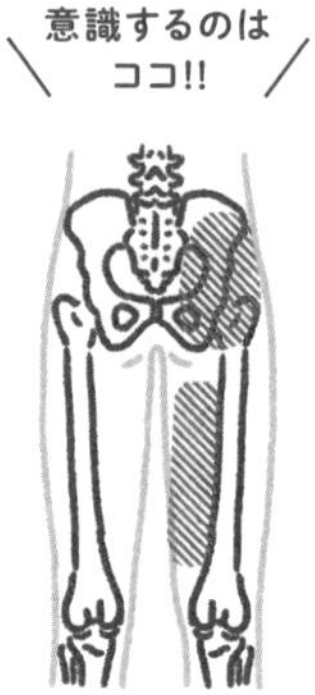

PROCESS. 2

脚を浮かせたまま、壁側の膝を軽く曲げ、股関節を支点に前傾する

- **膝を曲げすぎると、太ももの前側を使いすぎてしまうので注意**
- **骨盤が後傾しないように**

PROCESS. 3

下腹部を引き上げるイメージを保ちながら、上半身を元の位置に戻す

- **壁側の脚の太もも裏にストレッチ感があるとGOOD**
- **お尻を使っている感覚があるとGOOD**

左右入れ替えて10回ずつ 目標

お尻のタイプ2

ほうらくお尻

デスクワークなど**長時間座ることが多い人や、歩く時に下を向いてトボトボ歩く人に**多いのが「ほうらくお尻」です。

「ほうらくお尻」とは、**背中からお尻にメリハリがなく、全体的に下がっているお尻**のことを指します。

ほうらくお尻タイプの人のスタイルの特徴は、典型的な猫背、くびれがないずんどう体型などです。

＼ほうらくお尻タイプの人はこんな人／

- ✔ 背中からお尻にメリハリがない
- ✔ お尻に厚みがなく下がっている
- ✔ よく下を向いている典型的な猫背

ほうらくお尻タイプの人の特徴

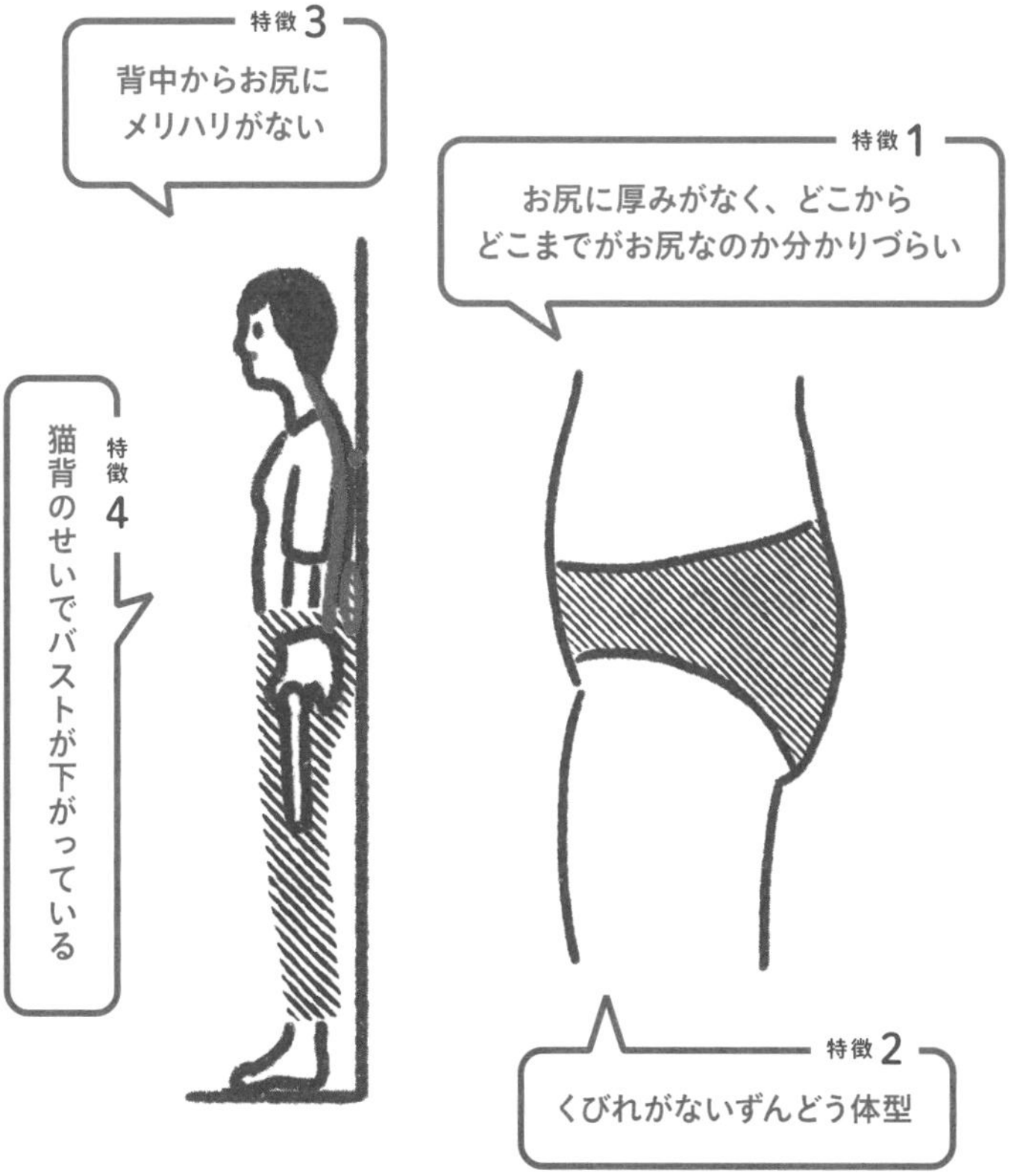

（解消法）

座る時に「頭頂」とお尻の下にある「坐骨」を上下に引っ張り合うイメージを持つことを意識し、**骨盤の正しい傾きをカラダに覚え込ませましょう。**また、目線が下がると骨盤が後ろに倒れてしまうので、**目線の位置を上げましょう。**

（原因）

典型的な猫背のため、骨盤が後傾していることが原因です。

背中のS字カーブが崩れていることに加え、お尻の筋肉がサボっているため、背中からお尻にメリハリがなくなってしまいます。

お尻／ほうらくお尻

LEARNING

PRACTICE

ほうらくお尻の解消には、この筋肉にアプローチ！

ポイント

- 太ももの裏側の筋肉がガチガチに固まっていると、ほうらくお尻は進行する
- 背骨の柔軟性アップを意識することが大切
- 背骨と脚の付け根を結ぶ腸腰筋を使えるようにすると良い

ほうらくお尻タイプの人が意識するべき筋肉

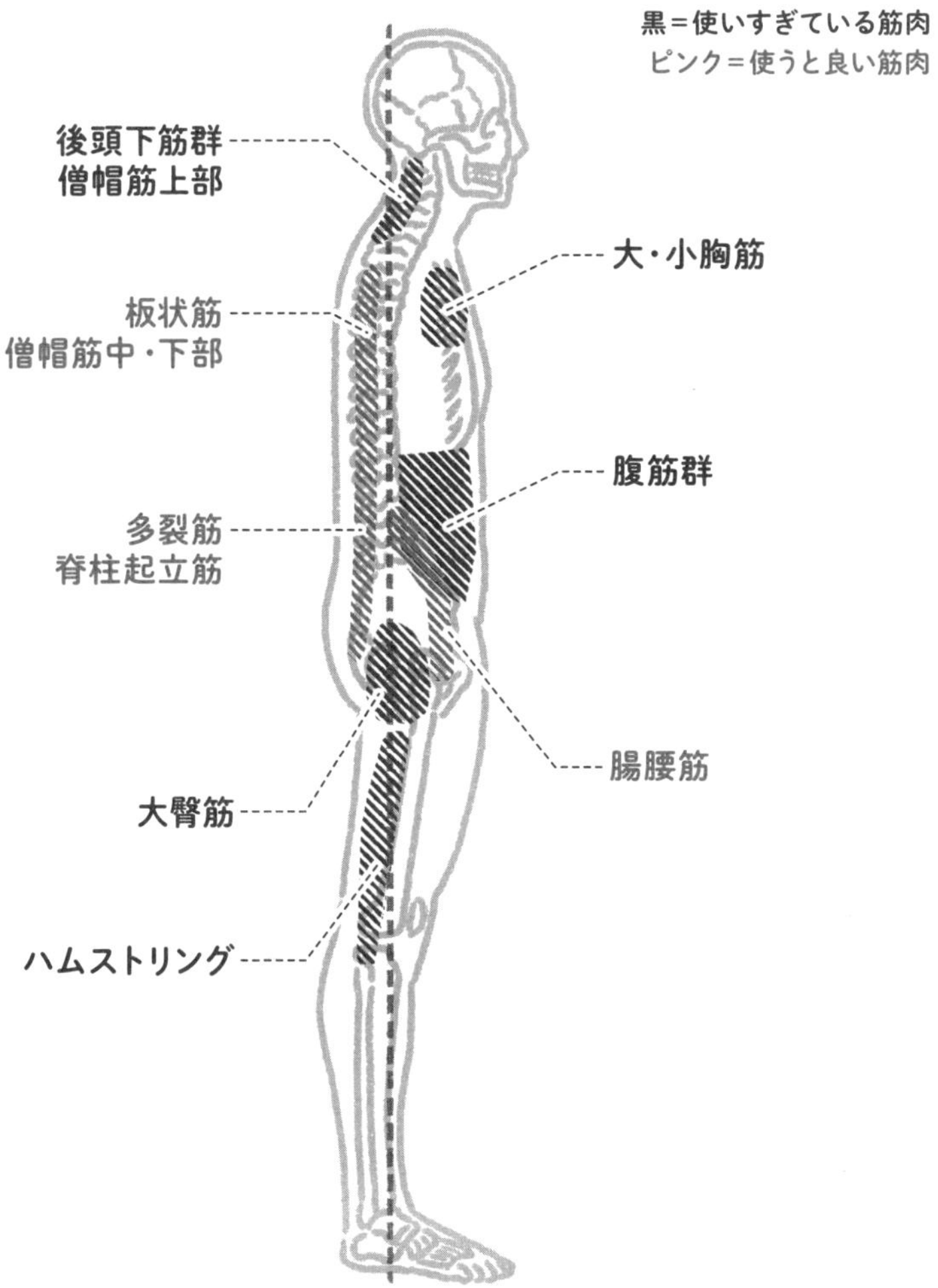

オープンブックストレッチで ウエストとお尻にメリハリを作る

効果

- 猫背が解消されてバストアップ
- くびれができる肋骨の動かし方が身につく
- ウエストからお尻にメリハリができる

スタートポジションのポイント

頭が落ちないように枕を用意する／
横向きで寝る／上の脚の股関節と膝を90度曲げる

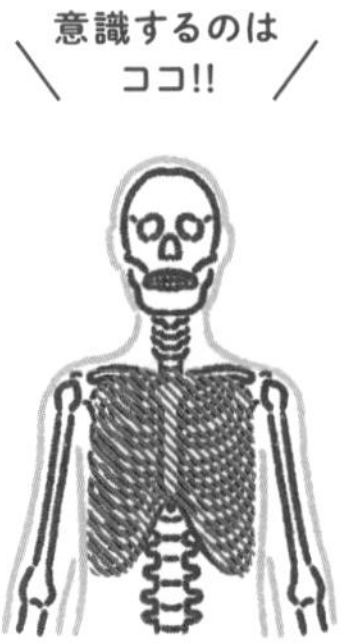

PROCESS. 1

上の手を天井方向に上げ、上半身を開いていく。開いて閉じるを繰り返す

- ▶ **手だけでツイストしてしまいがちなので、肋骨からツイストするイメージで**
- ▶ **上側の脚が床から離れないように**

PROCESS. 2

上の手で大きな円を描くように、一周回す

- ▶ **胸から動かすことができると、くびれができる**
- ▶ **手だけで回すと効果が半減するので注意**

各PROCESS　左右入れ替えて10回　目標

Zツイストで美しいくびれを作る

効果

- くびれの左右差が改善される
- ウエストからお尻までのラインがしなやかになる
- 肋骨と骨盤を連動させることで下半身太りが解消する

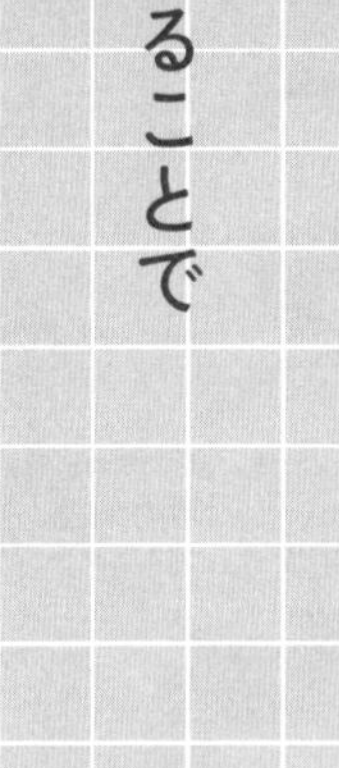

スタートポジションのポイント

床に座り、両膝を90度に曲げる／右膝は股関節の前、左膝は股関節の横に置く

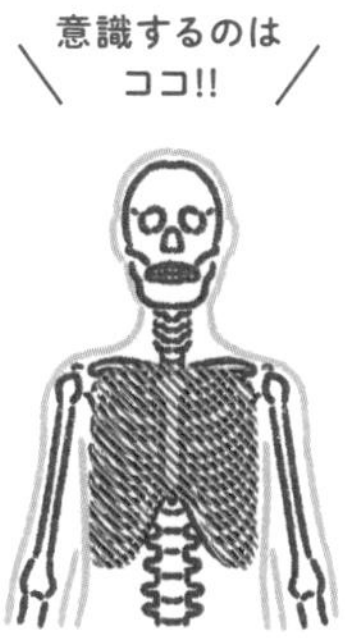

PROCESS.1

右手をお尻の横に置く。左手はひじを曲げて、イラストのように肩の高さより上にセットする

▶ **右肩が上がらないように注意**

PROCESS.2

PROCESS.1の状態にひじをキープしたまま、背中を丸め、右手の方に上半身をひねる

▶ **右ひじは軽く曲げる**
▶ **手だけの動きにならないように注意**

目標 左右入れ替えて15回ずつ

アッパーバックエクステンション（イス）で猫背を解消する

効果

- 前に出ている頭を、正しい位置に戻す
- 猫背や巻き肩が解消する
- 呼吸が楽になる

スタートポジションのポイント

イスを用意する／手を合わせてひじを曲げる／ひじをイスに乗せる

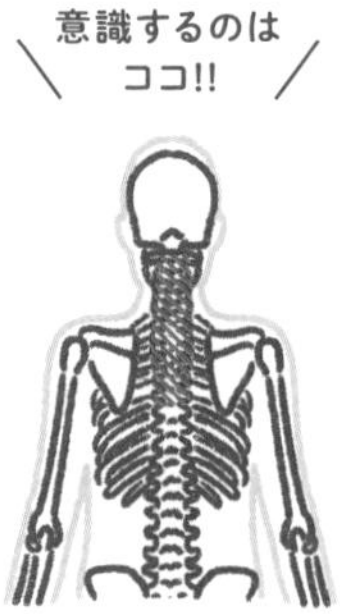

PROCESS. 1

両ひじを斜め前に押し出しながら、背中の上部（肩甲骨まわり）を反らしていく

▶ 腰が反りやすいので注意

PROCESS. 2

のど元を天井方向に引き上げるように、後頭部を持ち上げる

▶ 首から背中の上部に効いている感覚があればGOOD
▶ アゴを上げないように注意

20秒間キープ 目標

プローンサイドインターナルローテーションで四角いお尻を丸くする

効果

- お尻の横の凹みを改善
- お尻に丸みを作る
- 小臀筋を使えるようにしてヒップアップする

スタートポジションのポイント

うつ伏せで寝る／両手を合わせて×を作り、
その上におでこを乗せる／鼻先を床につける

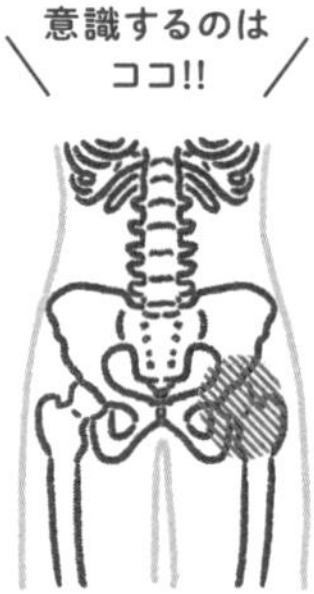

PROCESS. 1

左膝を曲げ、股関節の横まで上げる

- ▶ **左右の骨盤の高さを揃える**
- ▶ **股関節は90度曲げる**

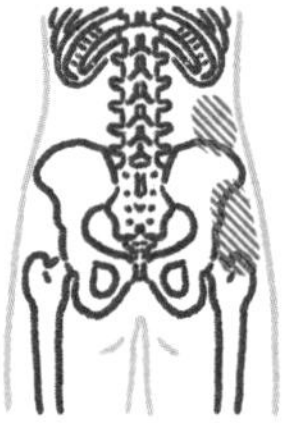

PROCESS. 2

左脚の膝下を床から浮かす。上げ下げを繰り返す

- ▶ **足先だけで動かさないように注意**
- ▶ **膝下を上げすぎると、股関節を痛めるので注意**

目標 左右入れ替えて20回ずつ

デッドバクスフロッグで骨盤を前傾させる筋肉を使えるようにする

効果

- 骨盤を前傾させる筋肉（腸腰筋）が使えるようになる
- 後ろに倒れている骨盤が正しい傾きになり、ヒップアップ効果
- インナーマッスルが働くようになり下半身太りが解消する

スタートポジションのポイント

仰向けで寝る／
足幅・膝幅はこぶし1個分／
腰と床の間に手のひら分の隙間をあける

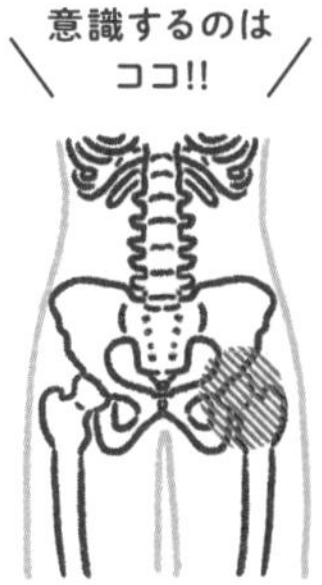

PROCESS.1

両脚を上げ、股関節と膝を90度曲げる

- おでことアゴは床と平行
- 両足のつま先を揃える

PROCESS.2

股関節を外側に回すようなイメージで、両膝を開く(膝間がこぶし3〜4個分になるくらいまで)

- 反り腰にならないように
- つま先とつま先が離れないように

PROCESS.3

片方の膝を床に近づけ、PROCESS.1の状態に戻す

- 足先だけの動きになりやすいので、股関節から動かすことを意識
- 股関節の付け根に効いている感覚があるとGOOD

左右交互に15回ずつ　目標

ワイドスクワットで内ももを引き締めてお尻を丸くする

効果

- ✔ 股関節と膝を正しいタイミングで動かせるようになる
- ✔ お尻に丸みができる＆ヒップアップする
- ✔ 内ももが引き締まる

スタートポジションのポイント

つま先と膝を45度外側に向けて立つ

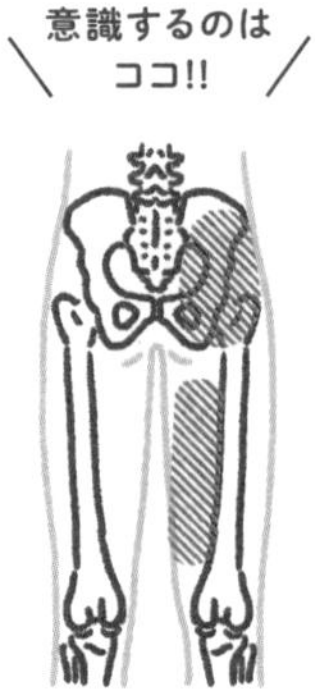

PROCESS. 1

頭頂と靴ひもの結び目の位置を上下に引っ張り合い、お腹の奥が引き上がる感覚をキープする

▶ **お腹の奥の感覚がしっかりキープできると、丸いお尻になる**

PROCESS. 2

PROCESS.1の感覚を保ちながら、股関節と膝を同じタイミングで曲げる

▶ **タイミングがズレると、太ももの前側を鍛えてしまう&お尻が四角くなるので注意**

PROCESS. 3

PROCESS.1の感覚を保ちながら、元の姿勢に戻る

目標 20回

お尻のタイプ3
洋梨お尻

ヒールを履く機会の多い人、腰が硬く、腰を丸めるのが苦手な人、お尻を横にフリフリ振りながら歩く人に多いのが「洋梨お尻」です。「洋梨お尻」とは、**全体的に大きく、特に下部にボリュームがあるお尻**のことを指します。

洋梨お尻タイプの人のスタイルの特徴は、内股、頭が前に出ている、下半身がガッチリしている、などです。

＼洋梨お尻タイプの人はこんな人／

- ✔ **お尻が全体的に大きく、特に下部にボリュームがある**
- ✔ **太ももなど下半身がガッチリしている**
- ✔ **腰が硬く、腰を丸めることが苦手**

洋梨お尻タイプの人の特徴

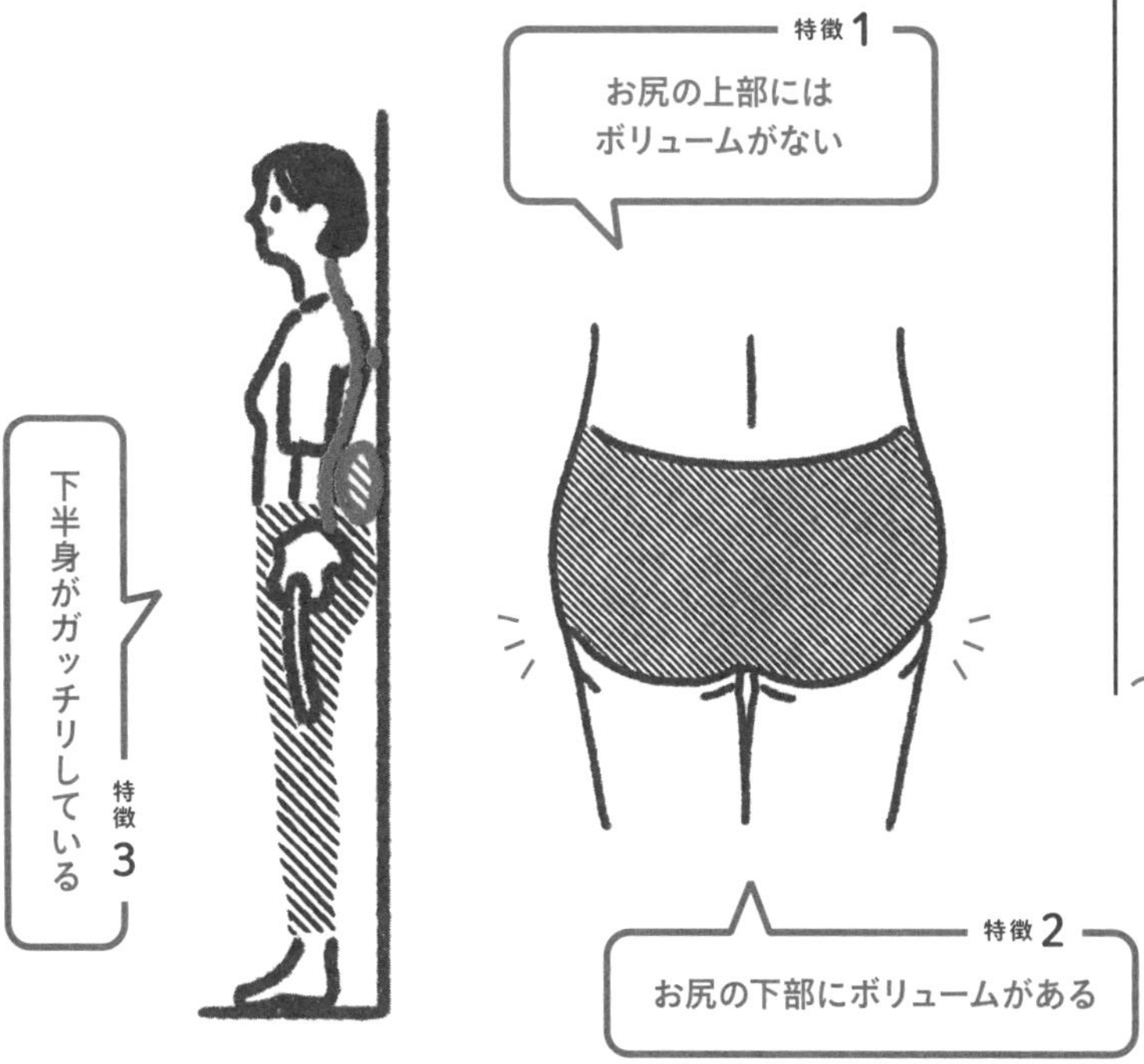

（解消法）

エクササイズを繰り返し行い、**お腹の奥が引き上がる感覚**を身につけましょう。また、座る時や立つ時、歩く時など、日常的に**つま先と膝の向きが同じになるように**意識しましょう。

（原因）

「女の子座り」や「横座り」など**内股姿勢が習慣**になっていることが原因です。内股姿勢を続けていると、骨盤が前に傾き、**下半身（特に太ももの外側）が全体的にガッチリして見えてしまいます。**

洋梨お尻の解消には、この筋肉にアプローチ！

ポイント

- 太ももの前側と外側の筋肉がガチガチに固まっていると、洋梨お尻は進行する
- 内ももの筋肉を使い、太ももの外側の筋肉を使わないようにする
- お尻と太ももの裏側の筋肉を使えるようにする

洋梨お尻タイプの人が意識するべき筋肉

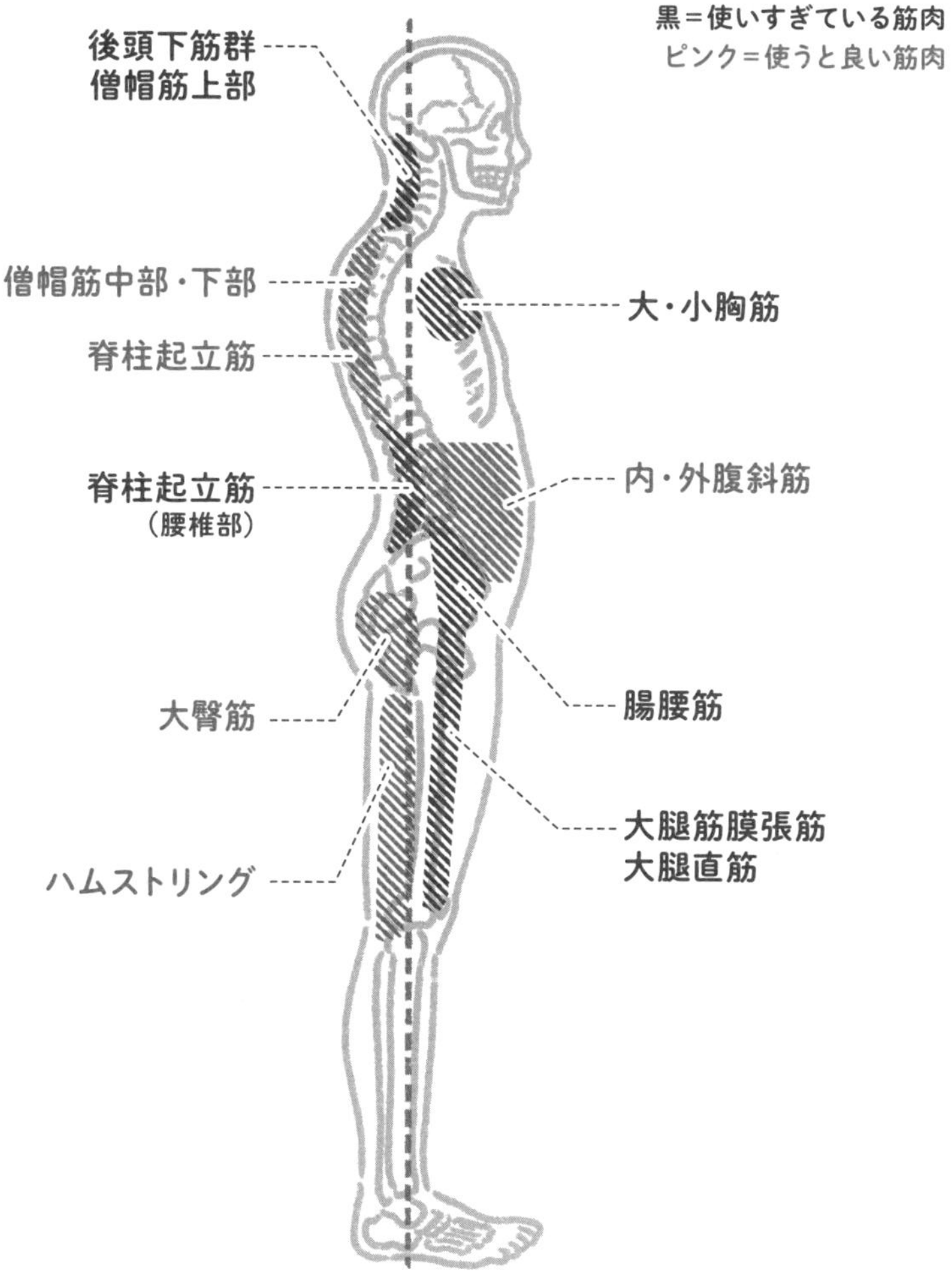

太もも外側リリースで
太ももの外ハリをほぐす

効果

- ✔ 太ももの前側と外側のハリが解消する
- ✔ 内股が解消する
- ✔ 下半身太りが解消する

スタートポジションのポイント

フォームローラーを片脚の太もも外側にあて
横向きで寝る／肩の下にひじがくるようにして
ひじで支える／頭・肋骨・骨盤を一直線に

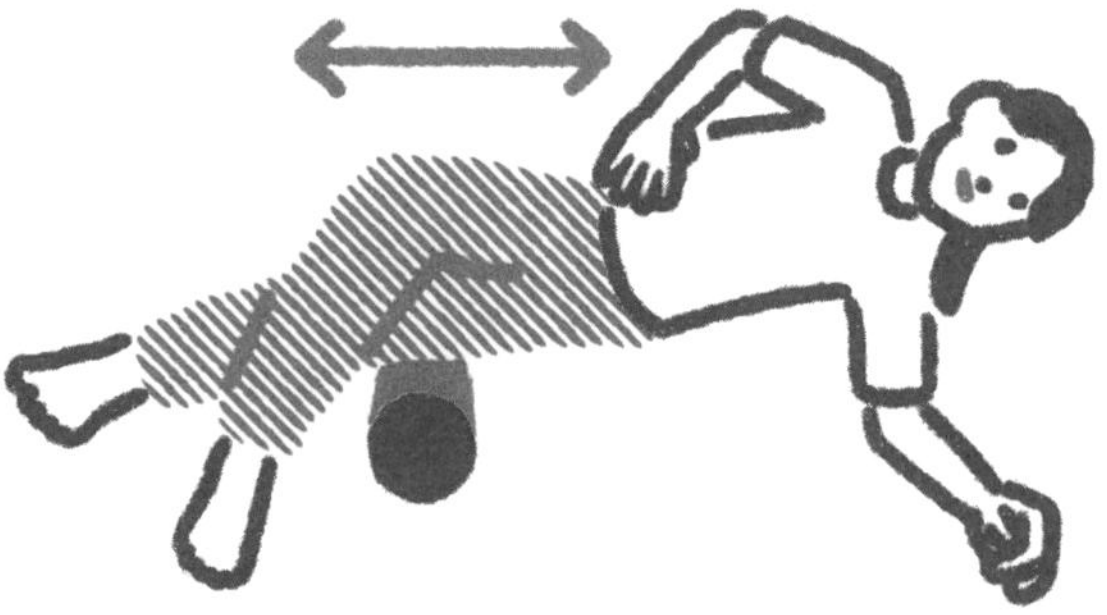

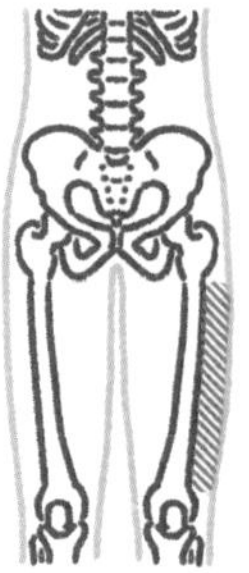

PROCESS. 1

カラダをイラストの矢印のように揺らし、太ももの外側をほぐしていく

- 「痛気持ち良い」範囲内で行う
- フォームローラーをあてる位置を、太ももの上部→下部の順で行いましょう

目標 左右入れ替えて20秒間ずつ

PROCESS. 2

フォームローラーを太ももにあてたまま、あてている脚の膝を曲げ伸ばしする

- つま先と膝の向きを揃える
- 難しい場合はPROCESS.1のみでもOK

目標 左右入れ替えて10回ずつ

太もも前側リリースで太ももの前ハリを解消する

効果

- 太ももの前ハリが解消する
- 下半身太りが解消する
- 反り腰が解消する

スタートポジションのポイント

フォームローラーを両脚の太ももの前側にあて
うつ伏せに／肩の下にひじがくるように
ひじで支える／頭・肋骨・骨盤を一直線に

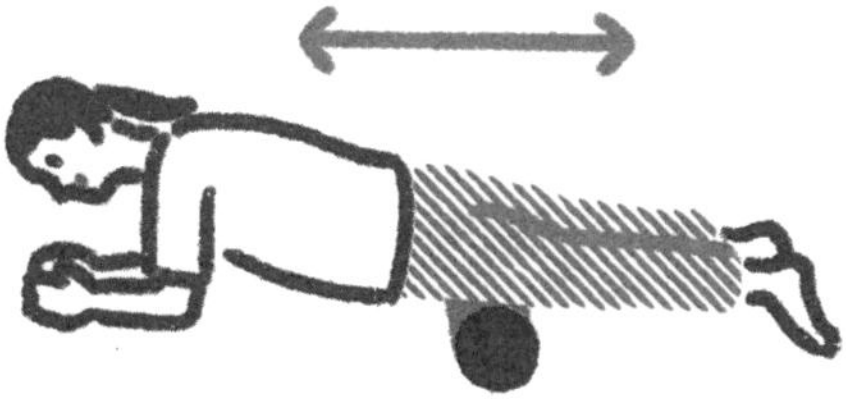

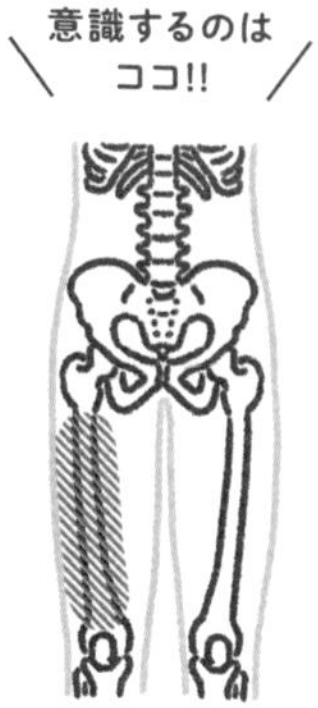

PROCESS. 1

カラダをイラストの矢印のように揺らし、太ももの
前側をほぐしていく

- **下腹部が出て腰が反りやすいので注意**
- **フォームローラーをあてる位置を太ももの上部→下部の順で行う**

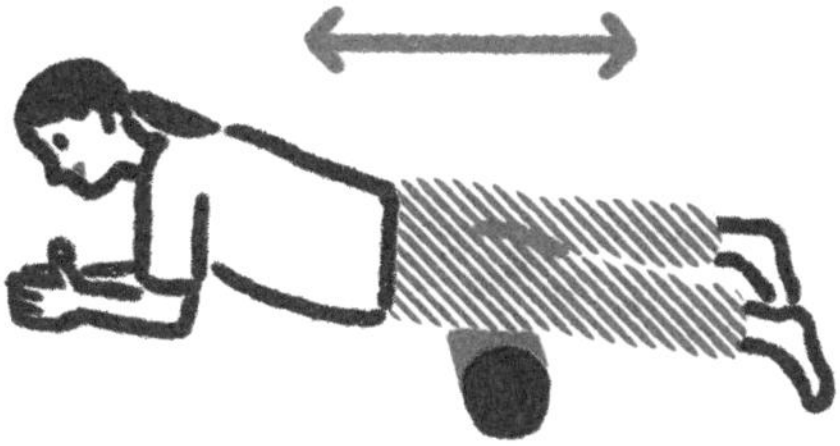

PROCESS. 2

両脚を外側に広げる。カラダを
イラストの矢印のように揺らし、
太ももの内側をほぐしていく

- **「痛気持ち良い」範囲内で行う**

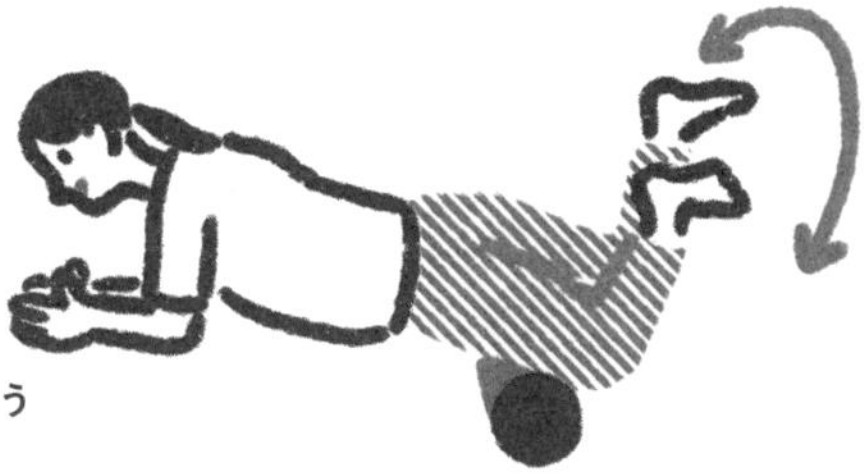

PROCESS. 3

両膝を曲げる。膝下を揃えて左に
パタン、右にパタンと交互に倒す

- **外側に広げた脚を、元の位置に戻してから行う**
- **左右に倒す時は、太ももも動いてOK**

各PROCESS 20秒間 **目標**

お尻リリースで お尻の筋肉をほぐす

効果

- ✔ お尻の筋肉がうまく使えるようになる
- ✔ 横に広がったお尻が解消する
- ✔ お尻と太ももの境目がクッキリする

スタートポジションのポイント

フォームローラーをお尻の外側にあてて横向きになる／床に手をついている方の肩が上がりやすいので注意

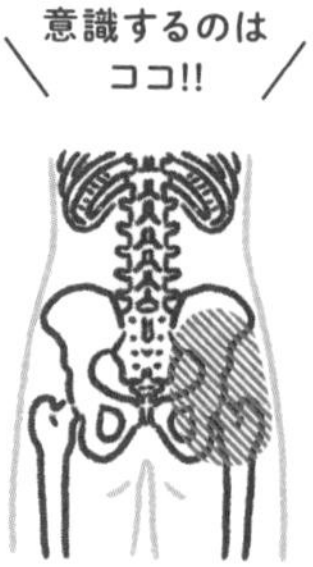

PROCESS. 1

カラダをイラストの矢印のように揺らし、お尻の筋肉をほぐしていく

▶ **お尻の外側をほぐす意識で**
▶ **「痛気持ち良い」範囲内で行う**

PROCESS. 2

カラダの正面を天井方向に向け、カラダをイラストの矢印のように揺らす

▶ **お尻の中心部分をほぐす意識で**

各PROCESS　左右入れ替えて20秒間 目標

サイドアダクションで内ももの筋肉を鍛える

効果

- 内もものたるみが解消する
- 太ももの外ハリが解消する
- X脚やO脚が解消する

スタートポジションのポイント

頭が落ちないように枕を用意する／
横向きで寝る／
上の脚は膝を立てて、カラダの前に置く

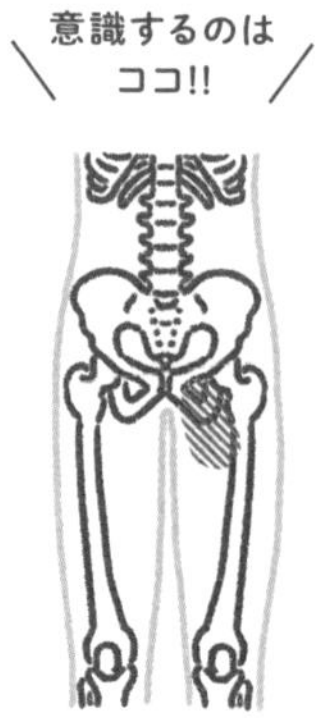

PROCESS. 1

上の手で骨盤を押さえ、イラストの矢印の方向へ押す

▶ **骨盤が正面を向いているか確認する**

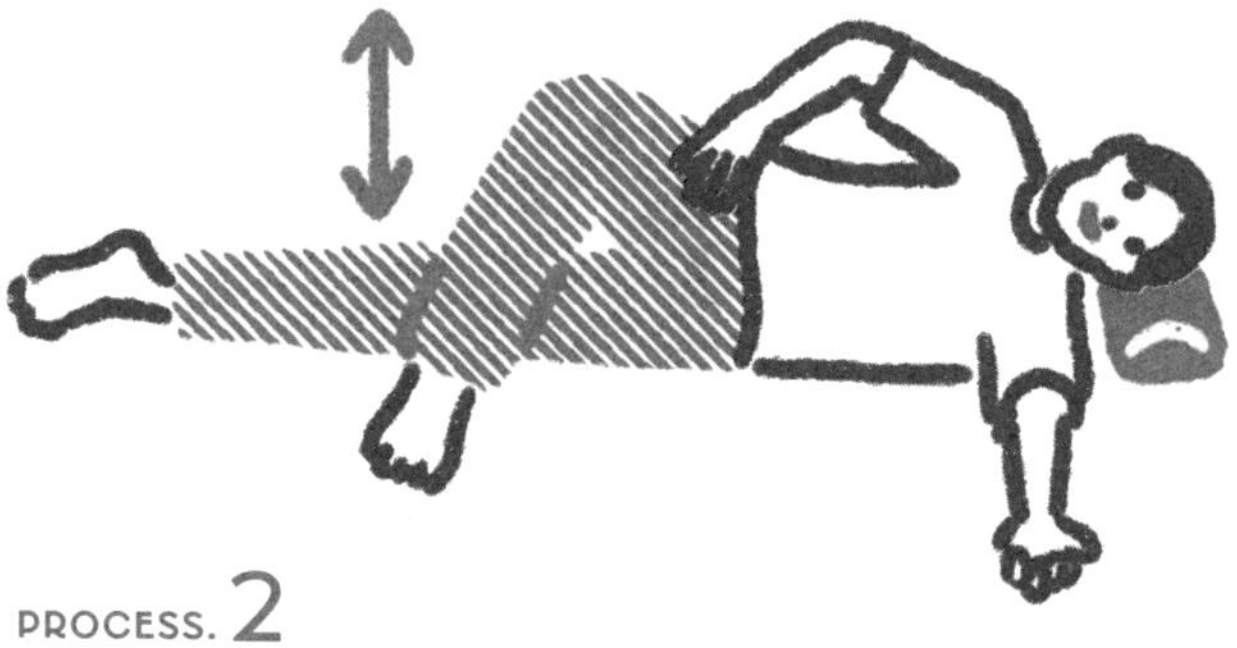

PROCESS. 2

内ももの付け根を意識しながら、下の脚を上げ下げする

▶ **つま先と膝を床側に向けると効果アップ**
▶ **足先だけで上げないように注意**
▶ **20秒程度キープして、内ももの感覚が分かってから上げ下げするのもオススメ**

左右入れ替えて20回ずつ　目標

キープランジで太ももの前側を伸ばしながら使う

効果

- ✓ 太ももの前ハリが解消する
- ✓ 内ももが引き締まる
- ✓ 太ももの前側を意識できるようになると、下半身太りが解消する

スタートポジションのポイント

片膝立ちの姿勢／つま先と膝の向きを揃える／左右の骨盤の高さを揃える／両膝を90度に曲げる

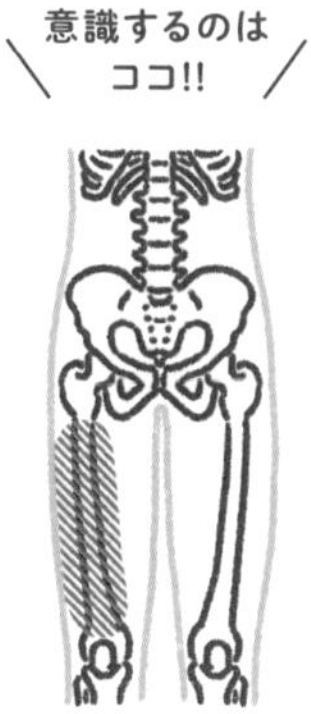

PROCESS.1

立ち上がり、骨盤を正面に向ける

- **反り腰になりやすいので注意**
- **骨盤が後ろに傾きやすいので注意**

PROCESS.2

上半身を固定したまま両膝を曲げる。お腹の奥を引き上げることを意識しながら、PROCESS.1のポジションに戻る

- **目の前に壁があり、その壁にぶつからないようにまっすぐ腰を落とすイメージ**
- **上半身が前に傾きやすいので注意**

目標 左右入れ替えて10回ずつ

ヒップリフトで お尻の下部のたるみを 撃退する

効果

- お尻の下部のたるみを解消する
- 太ももの裏側と内側が引き締まる
- お尻の下部とハムストリングを鍛えることで、ヒップアップできる

スタートポジションのポイント

膝を立て、仰向けで寝る／足幅・膝幅はこぶし1個分／つま先と膝の向きを揃える／腰と床の間に手のひら分の隙間をあける

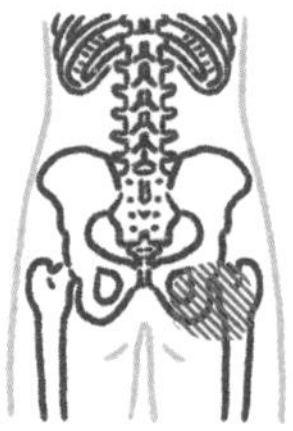

PROCESS. 1

下腹部を引き上げながら、お尻を浮かす

- **太ももの裏内側とお尻の下部を使う**
- **膝が外側に広がると、お尻の横や太ももの外側を使いやすくなってしまうので注意**

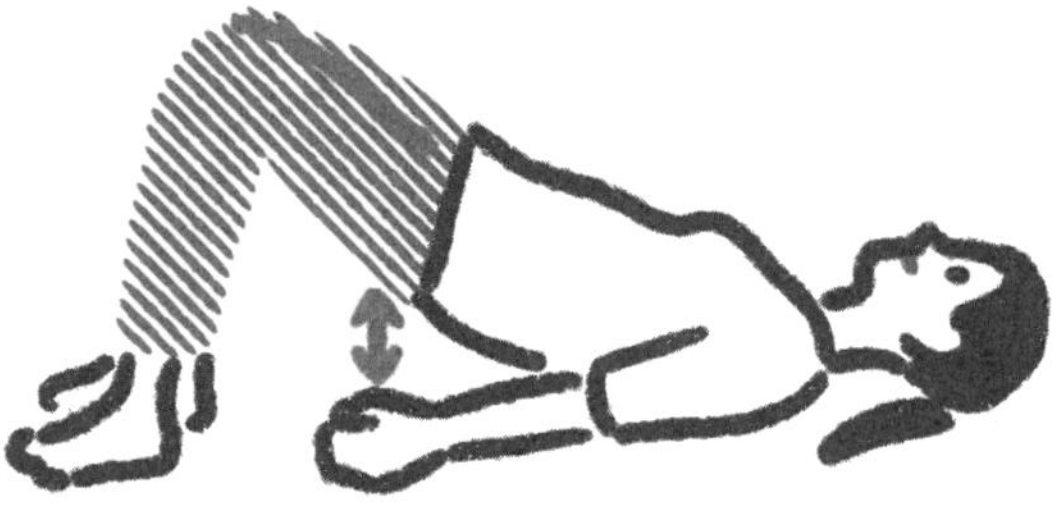

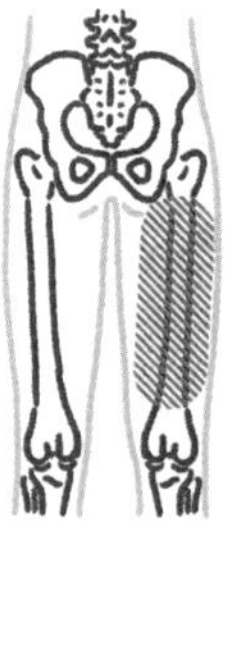

PROCESS. 2

股関節を支点にお尻を少し下げ、上げ下げを繰り返す

- **反り腰になりやすいので注意**
- **太ももの裏に効いている感覚がない場合は、かかとの位置をお尻から遠ざける**

20回 目標

お尻のタイプ4

アヒルお尻

良い姿勢を意識しようと胸を張ってアゴを引く習慣がある人に多いのが、「アヒルお尻」です。

「アヒルお尻」とは、**全体的にボリュームのあるお尻**のことを指します。

アヒルお尻タイプの人のスタイルの特徴は、腰のアーチが強い、背中とお尻の境目がクッキリしている、太ももの前側と外側が張っている、などです。

＼アヒルお尻タイプの人はこんな人／

- ✔ **胸を張るため反り腰になりやすい**
- ✔ **お尻と太ももにボリュームがある**
- ✔ **他のお尻タイプに比べると、悩みが少ない**

アヒルお尻タイプの人の特徴

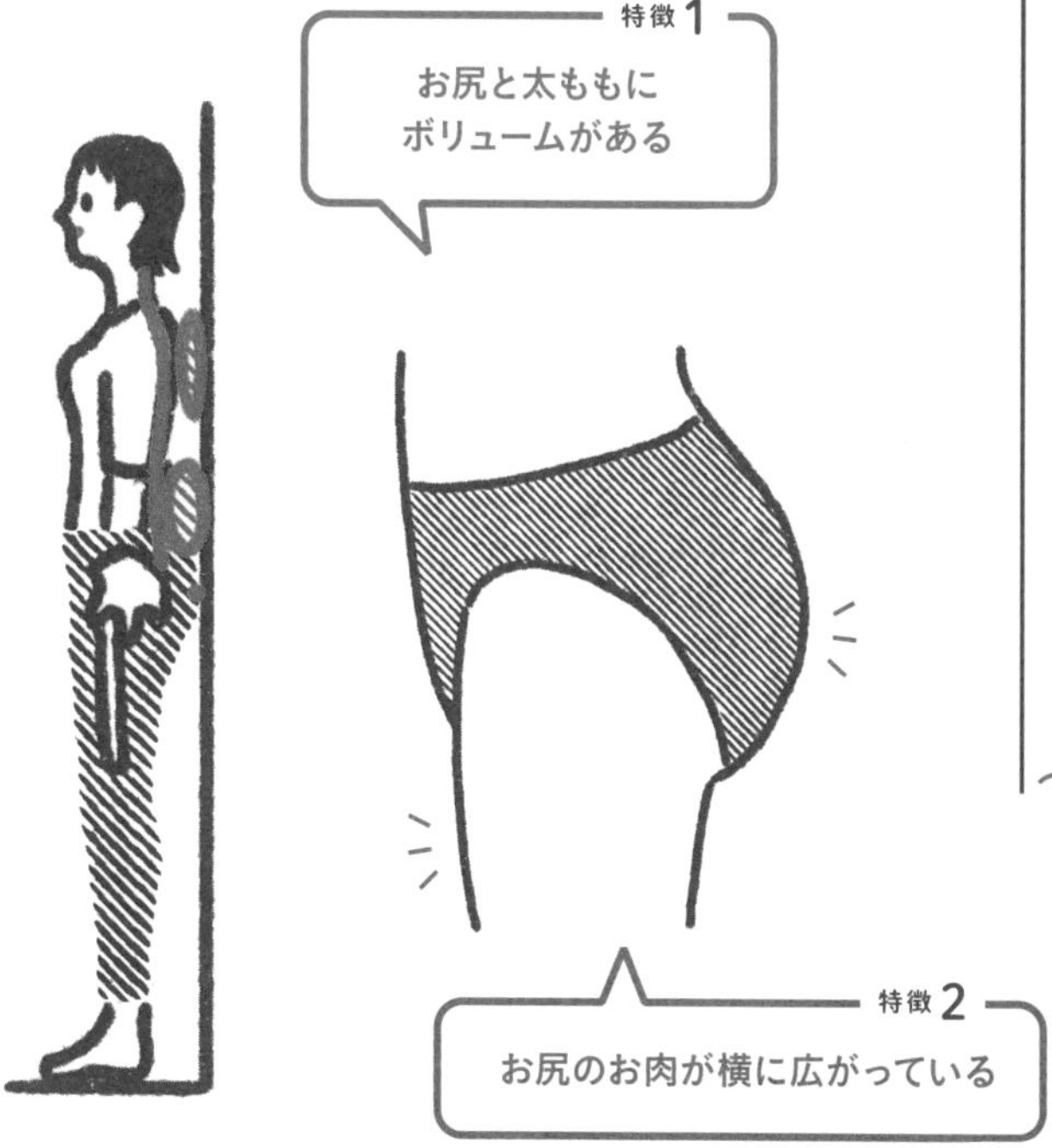

（解消法）

お腹の奥を引き上げる感覚が弱いので、P.25の**「まずはここから！　スタート時の姿勢」**をチェックしましょう。**背中（特に腰まわり）の筋肉をほぐす**こともアヒルお尻解消への近道です。

（原因）

胸を張るため、骨盤が前に傾きやすくなっていることが原因です。

胸を張る姿勢を続けていると、首と肩がガチガチに凝ってしまうので、注意しましょう。

アヒルお尻の解消には、この筋肉にアプローチ！

ポイント

- 背中（特に腰まわり）と太ももの前側の筋肉がガチガチに固まっていると、アヒルお尻は進行する
- 腸腰筋ストレッチはやり方を間違えると逆効果になるので注意
- お尻と太ももの裏側の筋肉を使えるようにする

アヒルお尻タイプの人が意識するべき筋肉

黒＝使いすぎている筋肉
ピンク＝使うと良い筋肉

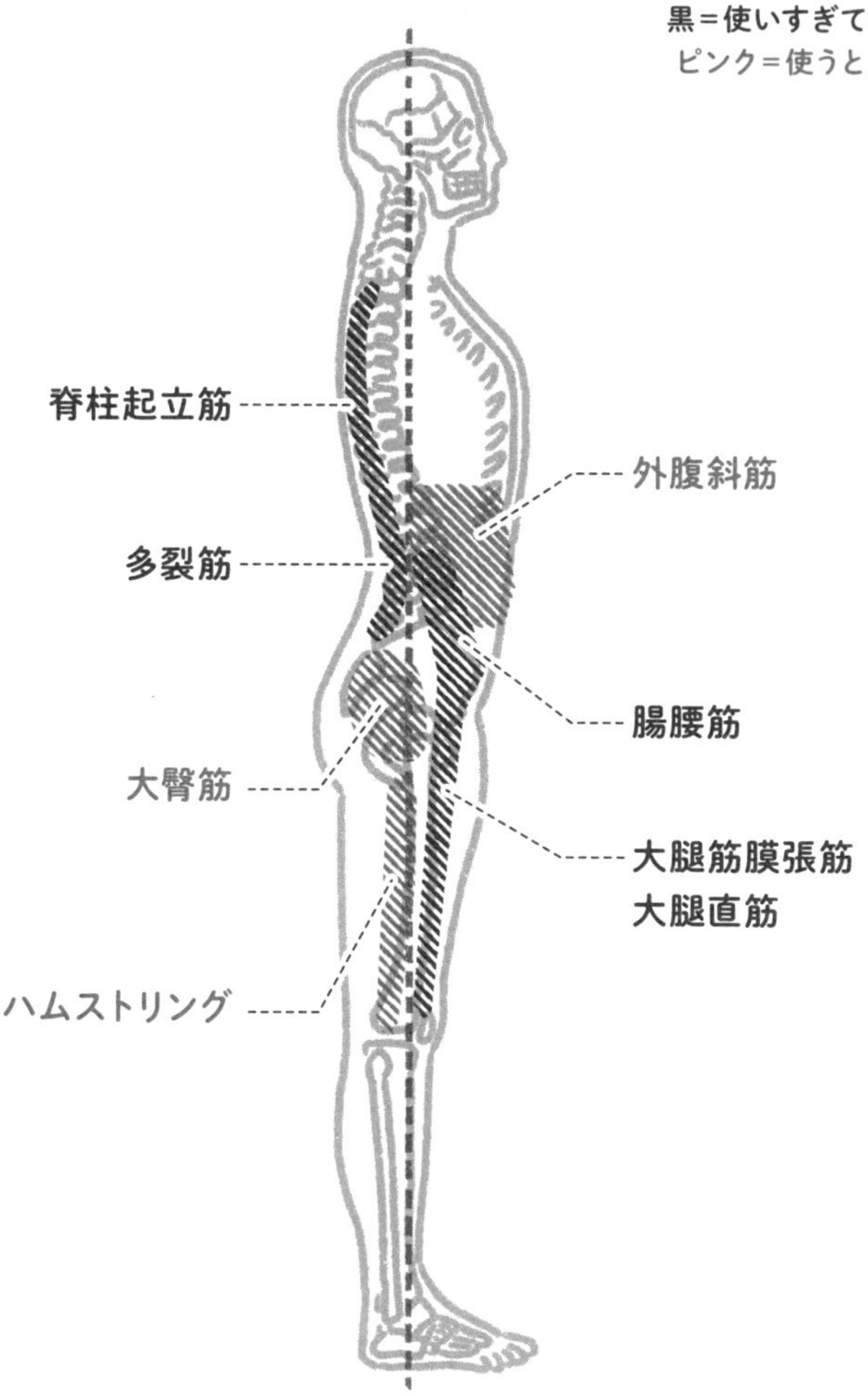

腸腰筋ストレッチで
太ももの前ハリと反り腰を解消

効果

- 太ももの前ハリが解消され、細くなる
- 反り腰が解消する
- 下腹部から太ももの前側のラインがまっすぐになる

スタートポジションのポイント

片膝立ちの姿勢／つま先と膝の向きを揃える／前脚のスネと床の角度は45度

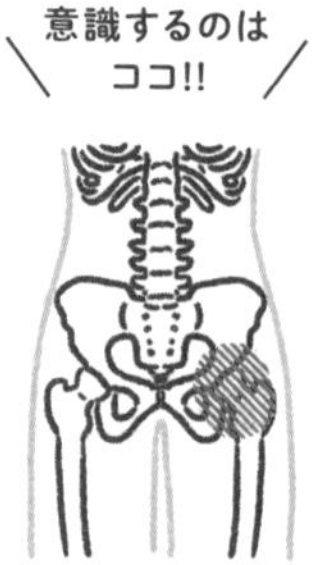

PROCESS. 1

イラストのように前脚の膝に両手をつく。みぞおちを内側に引き寄せ、背中を丸めていく

▶ **骨盤を正面に向ける**

PROCESS. 2

お腹の奥を引き上げながら、骨盤を前に押し出す

▶ **下腹部の力が抜けると、腰を反りやすいので注意**
▶ **骨盤が正面を向いているか確認する**

目標 左右入れ替えて20秒間ずつキープ

お尻／アヒルお尻

LEARNING

PRACTICE

太もも外側ストレッチで
太ももの外ハリを解消

効果

✔ 太ももの外ハリが解消する

✔ お尻と太ももの境目にメリハリができる

✔ 太ももの内側と外側のバランスが整って下半身太りが解消する

スタートポジションのポイント

イスに手をつき、脚を交差する／
支えている腕側の肩が上がらないようにする／
イスについている手の人差し指を真横に向ける

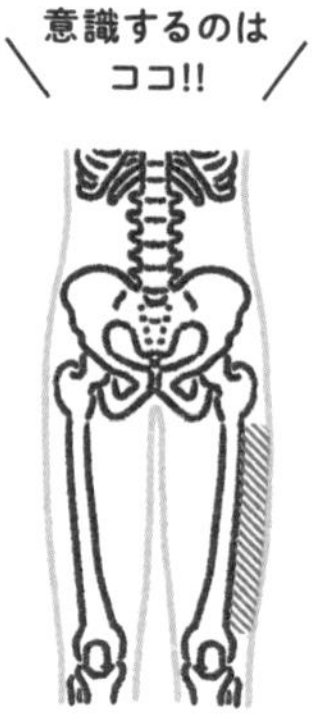

PROCESS. 1

わき腹と太ももの外側を伸ばす

- **ひじを伸ばしすぎないように注意**
- **太ももの外側に
ストレッチ感がない場合は、
上半身を軽く前に傾ける**

PROCESS. 2

上半身を軽く前に傾け、さらにわき腹と太ももの外側を伸ばす

- **腕で支えるのが難しい場合は、
PROCESS.1のみでOK**

各PROCESS　左右入れ替えて20秒間　目標

お尻ストレッチ（イス）で
お尻を柔らかく丸く

効果

- お尻の筋肉がほぐれ、柔らかいお尻になる
- 横に広がったお尻が解消する
- お尻を正しく使えるようになるので内股が解消する

スタートポジションのポイント

イスに座る／両手は骨盤に添える／頭・肋骨・骨盤を一直線に／左右の骨盤の高さを揃える

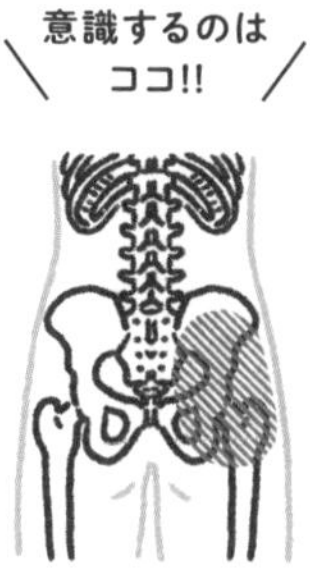

PROCESS. 1

片足の外くるぶしを、
もう片方の膝上に乗せる

▶ **上に乗せた脚の骨盤が上がりやすいので注意**
▶ **骨盤が後傾しないように注意**

PROCESS. 2

股関節を支点に、上半身を前に傾ける

▶ **頭・肋骨・骨盤を一直線に**

左右入れ替えて20秒間ずつ　**目標**

ペルビックティルトで ガチガチに凝った 腰まわりをほぐす

効果

- 腰まわりの筋肉がほぐれる
- 反り腰が解消する
- サボりがちな下腹部が使えるようになる

スタートポジションのポイント

両足をイスに乗せ、仰向けで寝る／
足幅・膝幅はこぶし1個分／
膝を90度曲げる

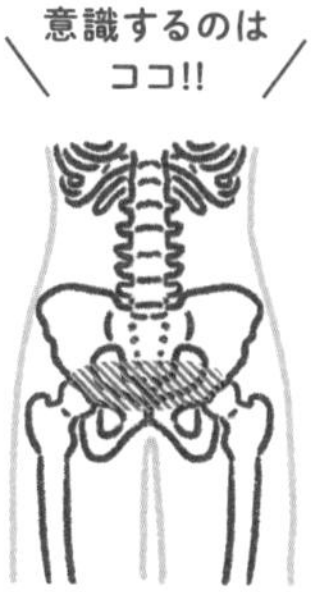

PROCESS. 1

下腹部を意識しながら、お尻を持ち上げる。
背骨を下から1つずつ床から離していくイメージで

- ▶ アゴを引きすぎないように注意
- ▶ つま先と膝の向きを揃える

PROCESS. 2

背骨を上から1つずつ床につけていくイメージで、お尻をおろす

- ▶ 背骨の動きが分かるようにゆっくり行う
- ▶ 膝が閉じやすいので注意

目標 15回

ヒップリフトワイドで横に広がったお尻を解消する

効果

- お尻の上部が立体的になる
- お尻と太ももの境目がクッキリする
- 横に広がったお尻が解消する

スタートポジションのポイント

膝を立てて寝る／足幅は骨盤幅より大きく開く／つま先と膝の向きを揃える／腰と床の間に手のひら分の隙間をあける

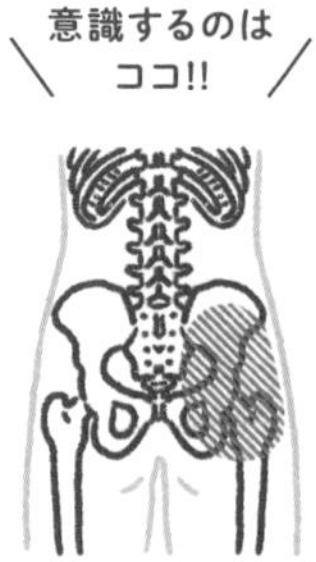

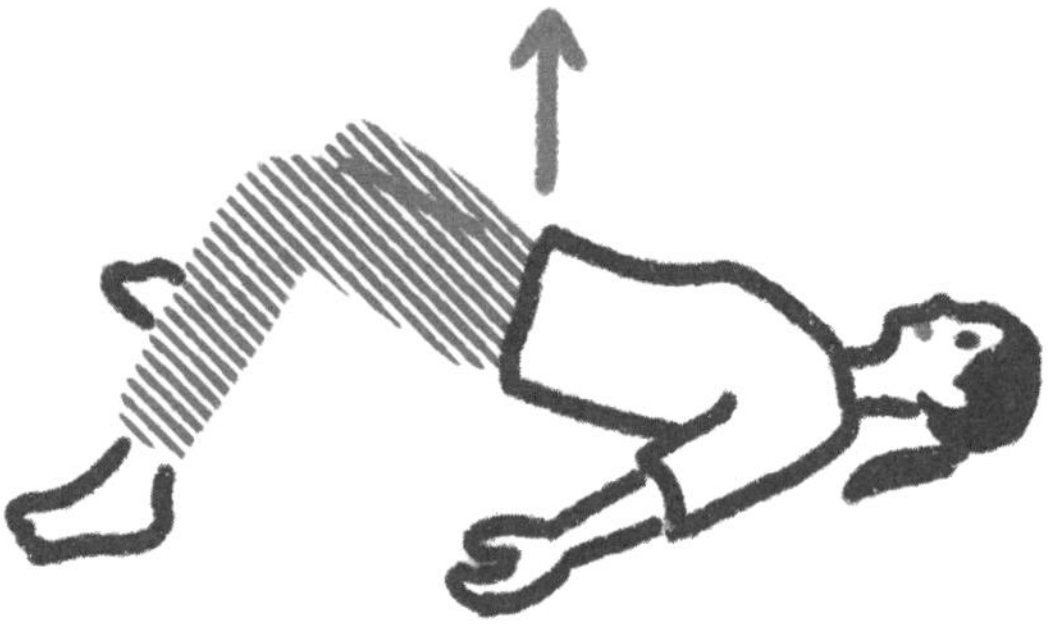

PROCESS. 1

お尻全体を中心に引き寄せるように意識しながら、
お尻を持ち上げる

▶ **反り腰になりやすいので注意**
▶ **アゴを引かないように注意**

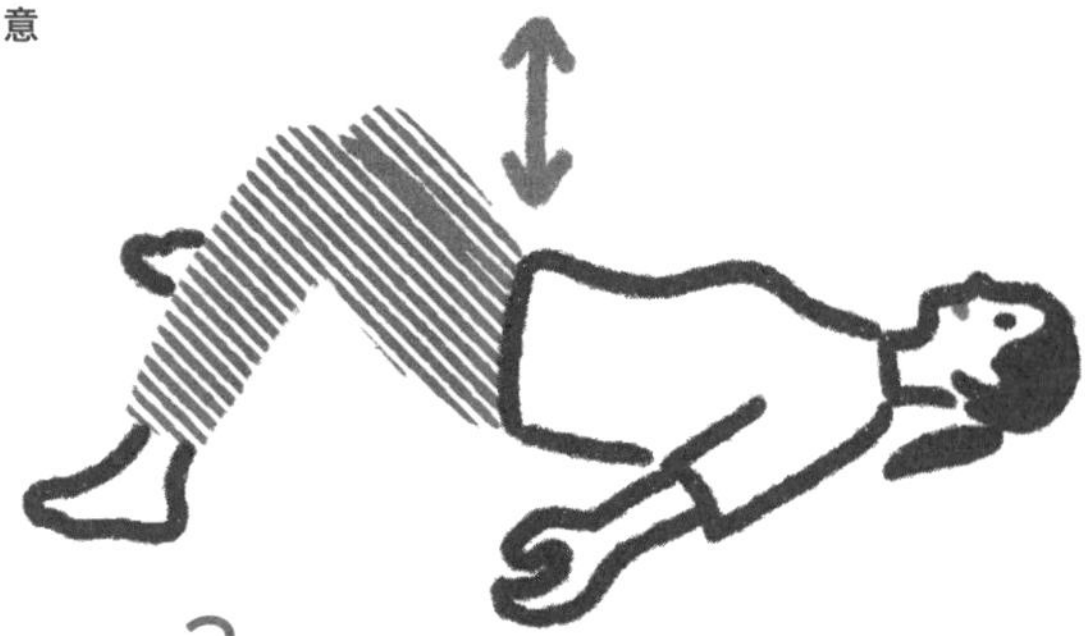

PROCESS. 2

股関節を支点に、お尻の上げ下げを繰り返す

▶ **腰が支点になりやすいので注意**
▶ **膝が閉じやすいので注意**

20回 **目標**

LEARNING

PRACTICE

ニュートラルランジで内ももの引き締め＆ヒップアップ

効果

- ✓ 太ももの前ハリが解消する
- ✓ お尻の上部が立体的になる
- ✓ 内ももが引き締まる

スタートポジションのポイント

立ち姿勢／つま先と膝の向きを揃える／
膝は軽く、股関節は深く曲げる／
頭・肋骨・骨盤を一直線に

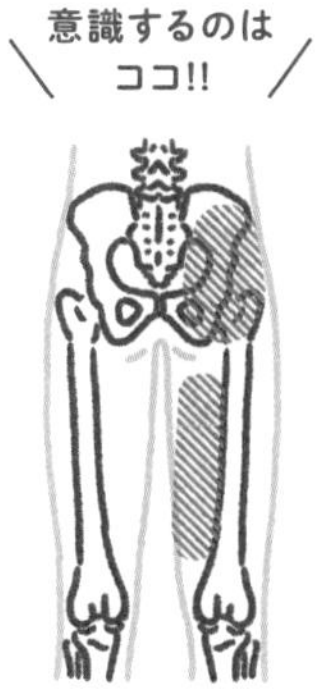

PROCESS. 1

骨盤を正面に向け、片脚を後ろに伸ばす。頭頂と足裏を引っ張り合うイメージで行う

▶ **前脚側の手でお尻を押さえ、反対側の手は股関節の内側を押さえる**
▶ **反り腰になりやすいので注意**

PROCESS. 2

頭頂と足裏の引っ張り合いをキープしたまま、後ろ脚が床から浮くまでカラダを前に倒す

▶ **軸脚のお尻と太ももの裏側に効いている感覚があればGOOD**

目標 左右入れ替えて20秒間ずつ

第3章

脚のゆがみを解消してスキニーデニムをはきたい

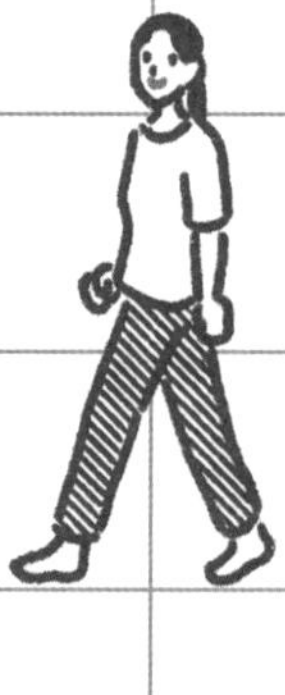

「太ももがもう少し細かったらいいのにと悩んでいる」
「まっすぐな脚に憧れているが、
自分でどうしたらよいか分からない」
「脚のシルエットが隠れる服を選びがち」
など、脚にコンプレックスを抱えている人は多いと思います。
日常生活の姿勢やクセ
（片脚重心、女の子座り、横座り、内股など）によって、
脚は簡単にゆがみます。
しかし、自分の脚のタイプやクセを正しく理解すれば、
ゆがみのない脚を手に入れることができます。
本章では、脚のゆがみを3つのタイプに分類します。
「全タイプ共通の基礎エクササイズ」→
「自分の脚のタイプに合ったエクササイズ」の順に実践し、
コンプレックスのない美脚を手に入れましょう。

動画でCHECK!

LEARNING

PRACTICE

「美脚」ってどういう状態？

ポイント

- 股関節（太ももの付け根の中央）、膝のお皿、足首の中央、足の人差し指が一直線上にある
- 膝のお皿の真下にでっぱり（脛《けい》骨《こつ》粗《そ》面《めん》）がある
- 脚の骨が正しい位置からズレてしまうと、下半身が太くなる

美脚とは

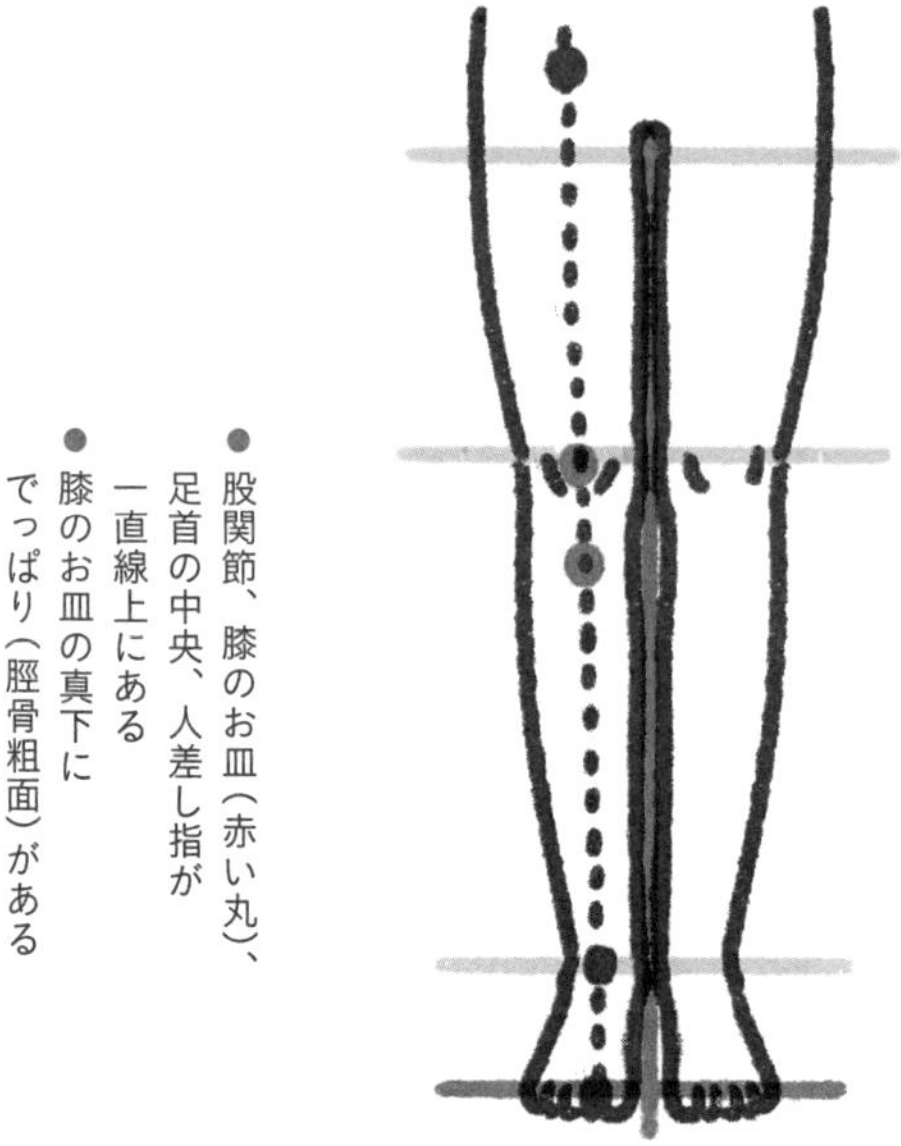

美脚とは、「つま先から太ももまでの骨や関節が、正しい位置にある状態」を指します。

正しい位置とは、上の図のように、**股関節・膝のお皿・足首の中央・人差し指が一直線上にある状態です。**

脚の骨が正しい位置にあると、必要最低限の筋肉でカラダを支えることができます。また、正しい位置から正しい方向に脚を動かすことができれば、**脚はどんどん細くなります。**

対して、脚の骨が正しい位置からズレてしまったり、脚を動かす方向を間違えてしまうと、下半身が太くなったり、O脚やX脚、XO脚になってしまうなど、さまざまなコンプレックスを生み出してしまいます。

美脚になりたい人はまず、立つ時に片脚重心になっていないか、お腹を突き出していないか、座る時につま先と膝の向きは揃っているか、など日常的な動作に注意しながら過ごしてみましょう。

LEARNING PRACTICE

あなたの脚のタイプはどれ？

ポイント

- 両足のくるぶしを揃えても、両膝が接しない「O脚」
- 両膝を揃えても、両足のくるぶしが接しない「X脚」
- 両膝も両足のくるぶしも接するのに、ふくらはぎだけ接しない「XO脚」

脚のタイプチェック

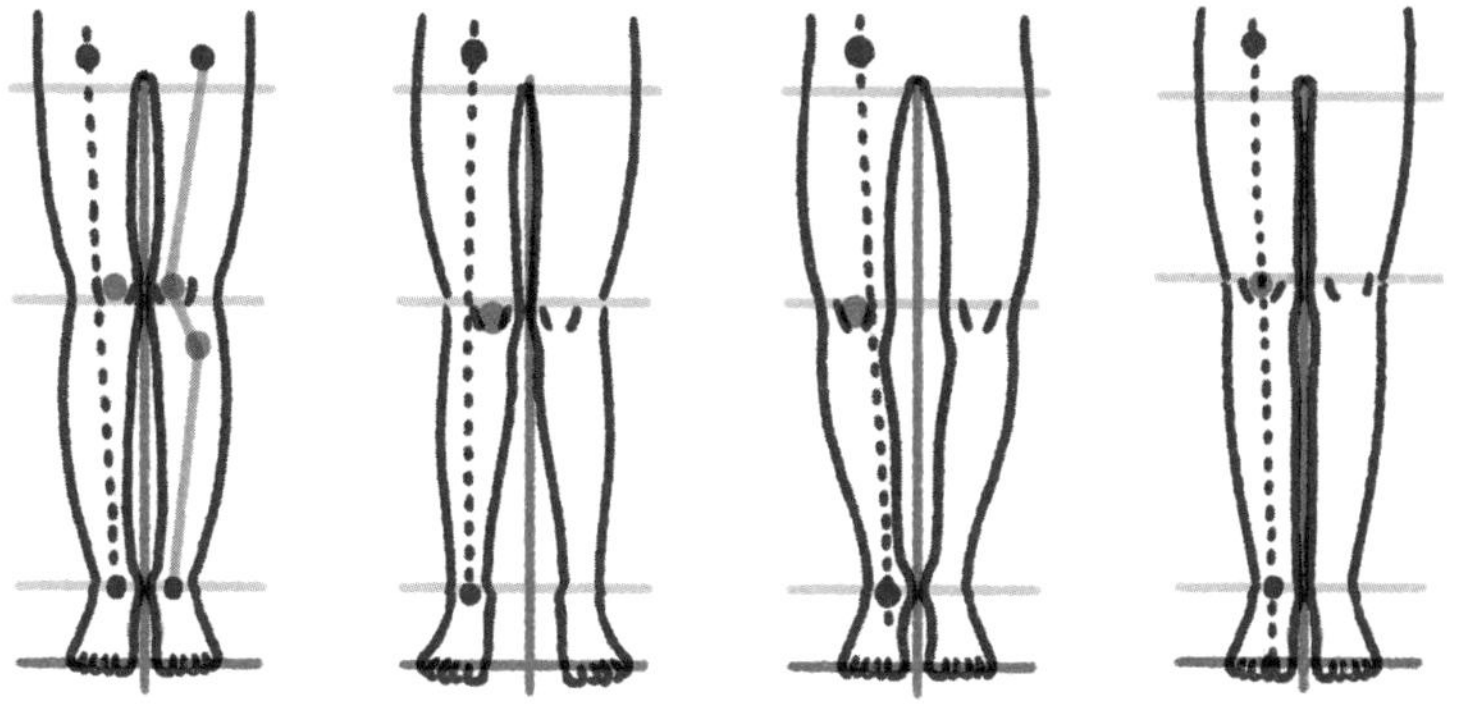

膝・内くるぶしはつくが、ふくらはぎはつかない

▶XO脚

膝はつくが、ふくらはぎ・内くるぶしはつかない

▶X脚

内くるぶしはつくが、膝・ふくらはぎはつかない

▶O脚

内もも・膝・ふくらはぎ・内くるぶしがつく

▶正常な脚

脚の歪みは、O脚、X脚、XO脚の3種類に分類されます。

O脚は、お尻から太ももの外側がパツパツで、ふくらはぎは上から下まで太く、メリハリのない脚。X脚は、太ももの前側や外側がパツパツで、膝下が外側に広がっている脚。XO脚は、太ももに対して膝下が外側に曲がっている脚を指します。

脚の形は、遺伝や生まれつきの骨格が原因で歪んでしまう場合と、日常生活での習慣が原因で歪んでしまう場合があります。しかし、**どちらも気がついた時に間違った姿勢や所作をしないように意識することで、進行を予防することができます。**

この**小さな意識の積み重ね**が美脚の基礎を作ります。

基礎に加えて、エクササイズで正しい方向に骨や関節を動かすことができるようになれば、脚の歪みはみるみる解消されていきます。まずは全タイプ共通のエクササイズから取り組んでいきましょう。

LEARNING PRACTICE

オープンレッグストレッチで内ももの柔軟性を高め、引き締める

効果

- 内ももの筋肉が柔らかくなる
- 内ももが引き締まる
- お尻のトレーニングが効きやすくなる

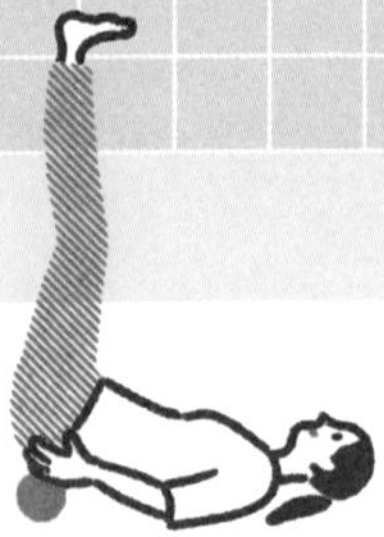

スタートポジションのポイント

仰向けで寝る／マットやバスタオルを丸めて、骨盤の下に置く／両脚は天井へ伸ばす

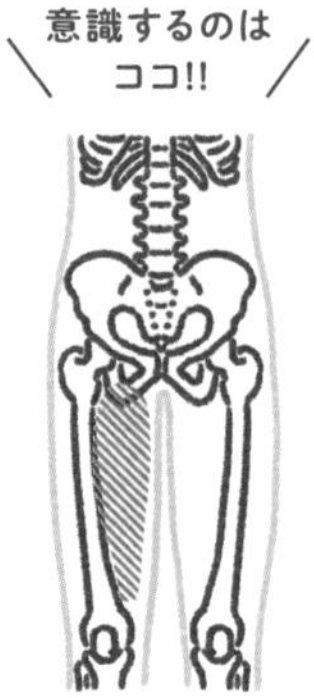

PROCESS. 1

両脚を上半身の方へ少し倒してから開脚する

- ▶イラストは上から見た図
- ▶足先だけの動きにならないように注意
- ▶つま先と膝の向きを揃える

PROCESS. 2

太ももの内側を意識して、両脚を閉じる

- ▶イラストは上から見た図
- ▶足先だけの動きにならないように注意
- ▶勢いや反動を使わないようにゆっくり行う

目標 20回

LEARNING

PRACTICE

シザースで股関節を柔らかく&太ももを引き締める

効果

- 股関節が柔らかくなり、大きく動かせるようになる
- 太ももの前ハリが解消する
- 太ももの裏内側が引き締まる

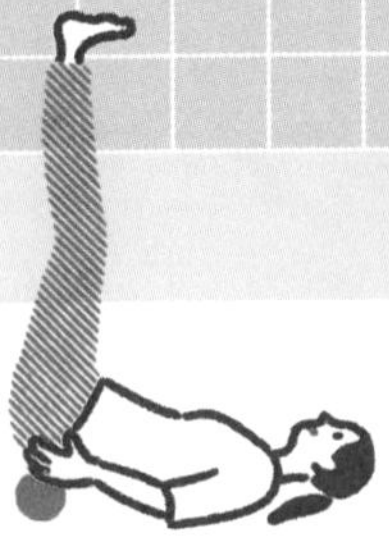

スタートポジションのポイント

仰向けで寝る／マットやバスタオルを丸めて、骨盤の下に置く／両脚は天井へ伸ばす

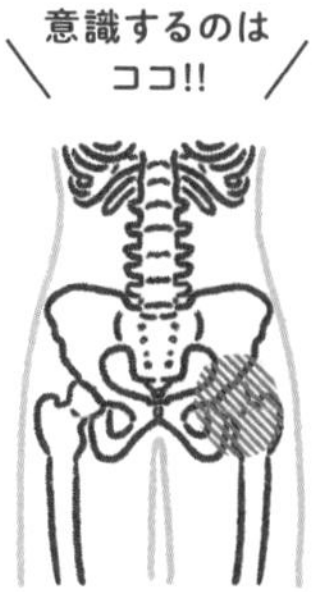

PROCESS.1

下腹部を少し引き上げる

- **つま先と膝の向きを揃える**
- **骨盤を動かさないように**

PROCESS.2

つま先と膝の向きを揃えたまま、両脚を前後に開く。左右交互に繰り返す

- **両脚を動かすタイミングが合わないと、反り腰になるので注意**

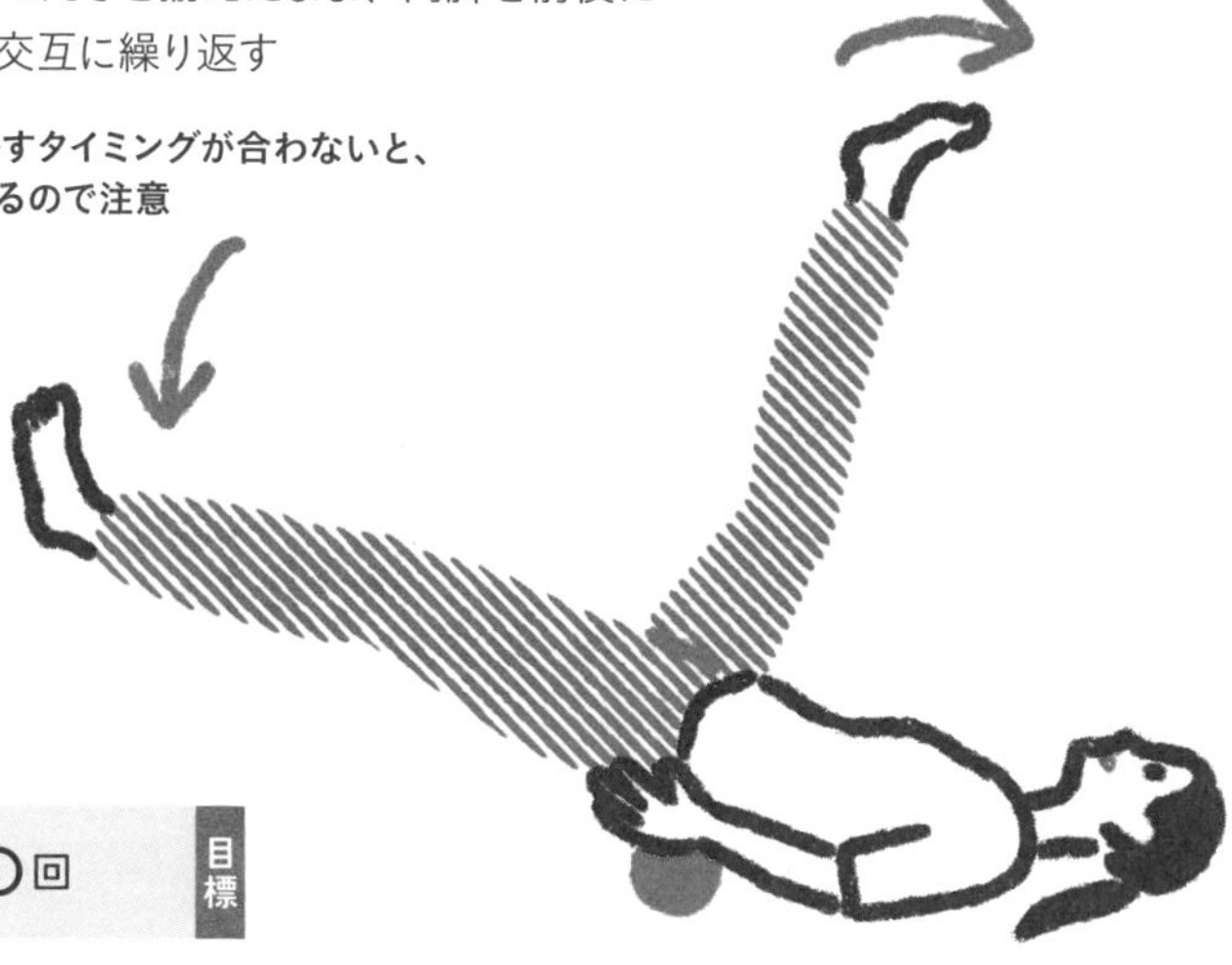

目標 PROCESS.2を10回

LEARNING

PRACTICE

ダブルレッグローテーションで内ももの筋肉を柔らかく

効果

- 内ももの筋肉が柔らかくなる
- お尻の筋肉が上部、中部、下部とくまなく使えるようになる
- お尻に丸みができる

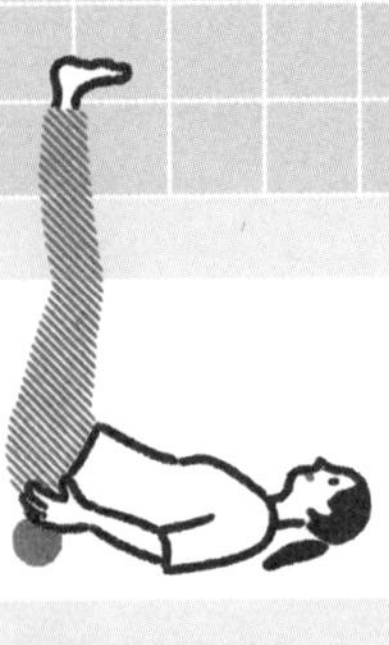

スタートポジションのポイント

仰向けで寝る／マットやバスタオルを丸めて、骨盤の下に置く／両脚は天井へ伸ばす／つま先と膝の向きを揃える

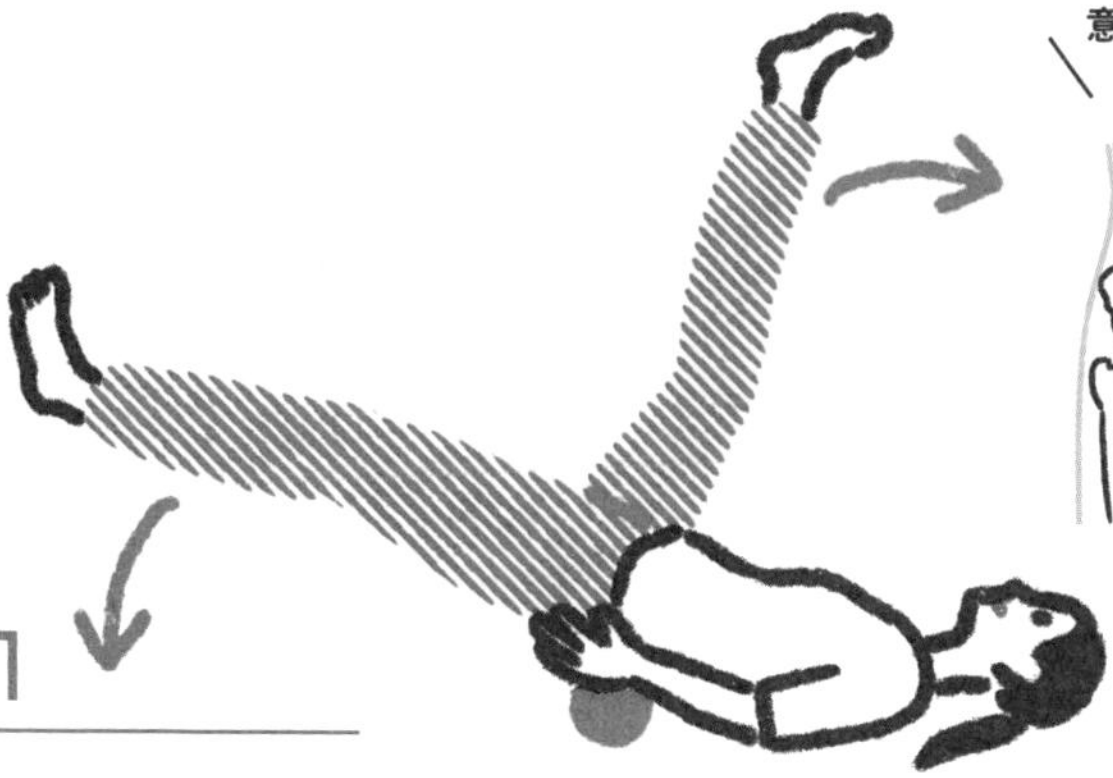

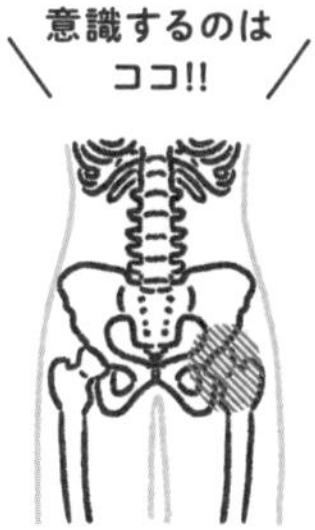

PROCESS. 1

下腹部を少し引き上げ、両脚を前後に開く

▶ **骨盤を動かさないように注意**

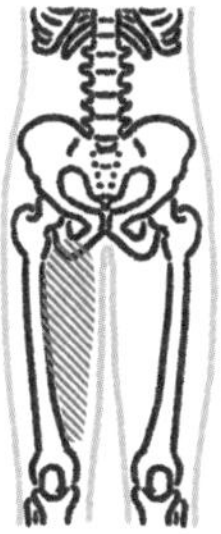

PROCESS. 2

大きな円を描くイメージで、開いた両脚を動かす

▶ **足先だけで回さないように注意**
▶ **円を描くように動かさないと、お尻が四角くなる**

目標　左右入れ替えて10回ずつ

脚のタイプ1

O脚

O脚とは、両脚を揃えて立った時に、膝、ふくらはぎに隙間があり、「O」の形になっている脚を指します。O脚が進行すると、太ももの外側の筋肉を発達させてしまい、**上から下まで太い、メリハリのない脚**になっていきます。

＼O脚の人はこんな人／

- ✔ 膝、ふくらはぎがつかない
- ✔ 太ももとふくらはぎの外側がパツパツ
- ✔ 片脚に体重を乗せるのがクセ

O脚の人の特徴

特徴1
がに股で歩く／座っている

特徴2
脚を組む

特徴3
立つ時に膝をピンと伸ばすのがクセ（反張膝）

特徴4
座る時に骨盤が後ろに倒れやすい（仙骨座り）

特徴5
片脚重心（休めの姿勢）

特徴6
脚の外側に重心が乗りやすい

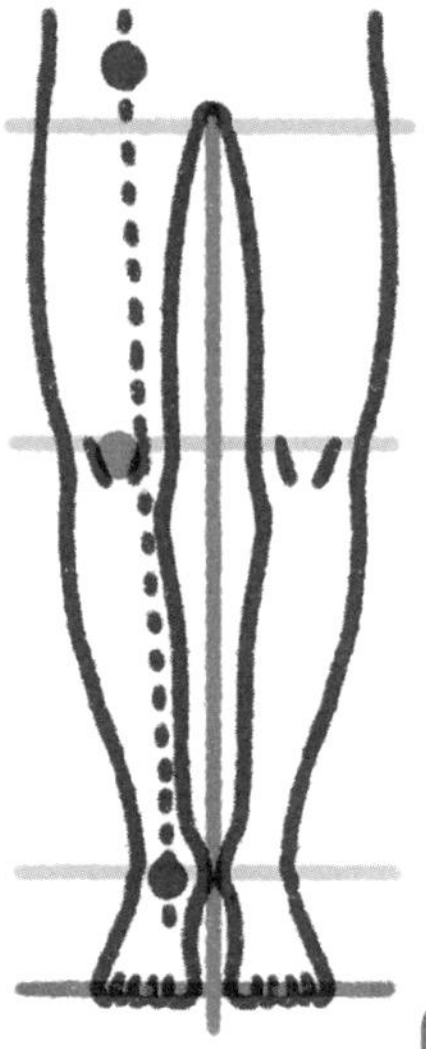

原因

片脚重心や脚を組む姿勢、がに股歩きが習慣になっていることが原因。太ももの外側の筋肉がガチガチに固まっているため、太ももの骨が外側に広がってしまいます。放っておくと、股関節の内側に負担がかかり、痛みの原因にもなるので、注意。

解消法

座り方、歩き方を意識して直すことが重要。座る時に脚を組んでいないか、立っている時に重心はどこにあるか、確認を。太もも外側のリリースやストレッチを行い、内ももの筋肉を意識して使えるようにしていきましょう。

O脚の解消には、この筋肉にアプローチ！

ポイント

- ✔ 脚の外側の筋肉を使いすぎると、O脚は進行する
- ✔ 内ももや股関節のインナーマッスルを使えるようにする
- ✔ お尻の下部の筋肉を意識して使う

O脚の人が意識するべき筋肉

使うと良い筋肉

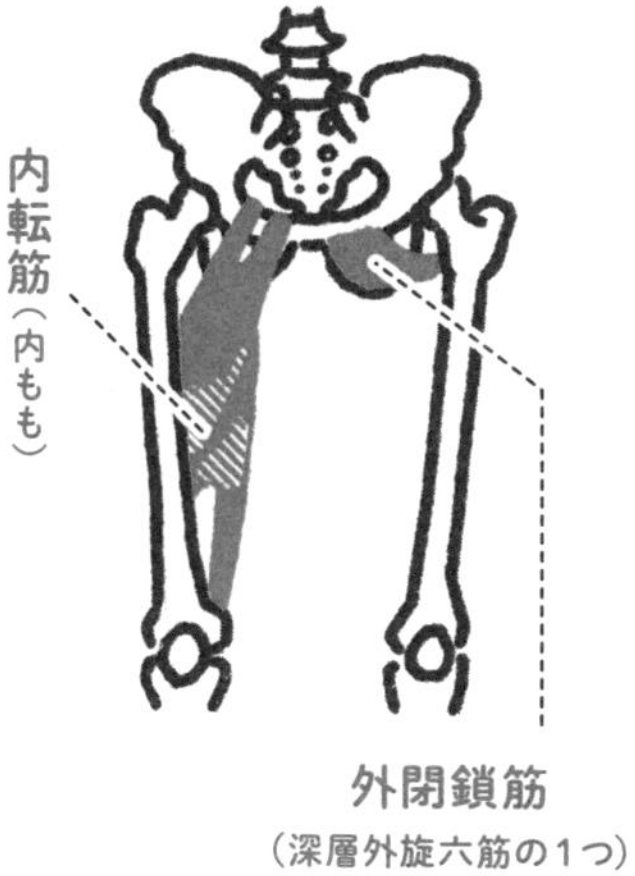

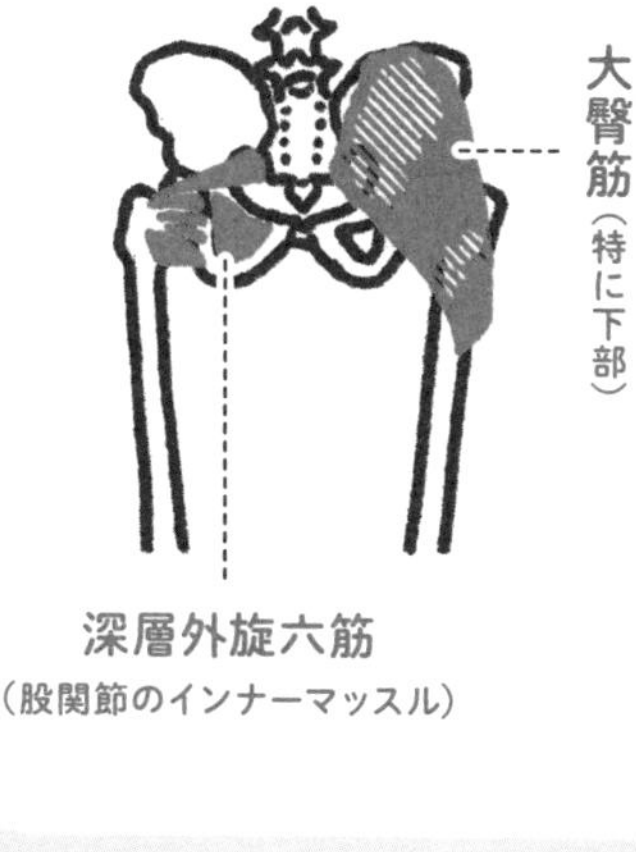

使いすぎている筋肉

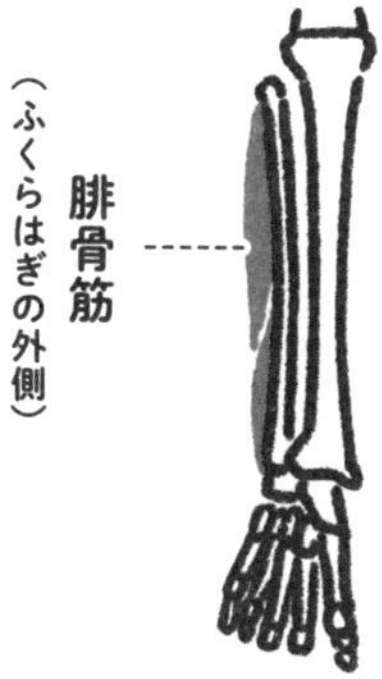

フロッグキックで 内ももとお尻に刺激を

効果

- 内もものたるみと隙間を解消する
- 外側に広がった太ももと膝下のラインを整える
- お尻の下部のたるみを解消する

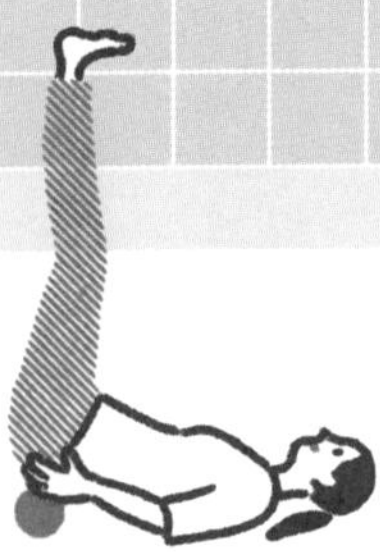

スタートポジションのポイント

仰向けで寝る／マットやバスタオルを丸めて、骨盤の下に置く／両脚は天井へ伸ばす／つま先と膝の向きを揃える

PROCESS.1

かかとはつけたまま、膝を外に開き、ひし形を作る。
かかとをそこからお腹に寄せるようにする

▶ **つま先と膝の向きを揃える**

PROCESS.2

内ももとお尻の下部を中心に寄せる意識を保ちながら、斜め上に向かって、曲げていた脚を伸ばす

▶ **つま先と膝の向きを揃える**
▶ **膝だけの動きになりやすいので、股関節から動かすことを意識する**

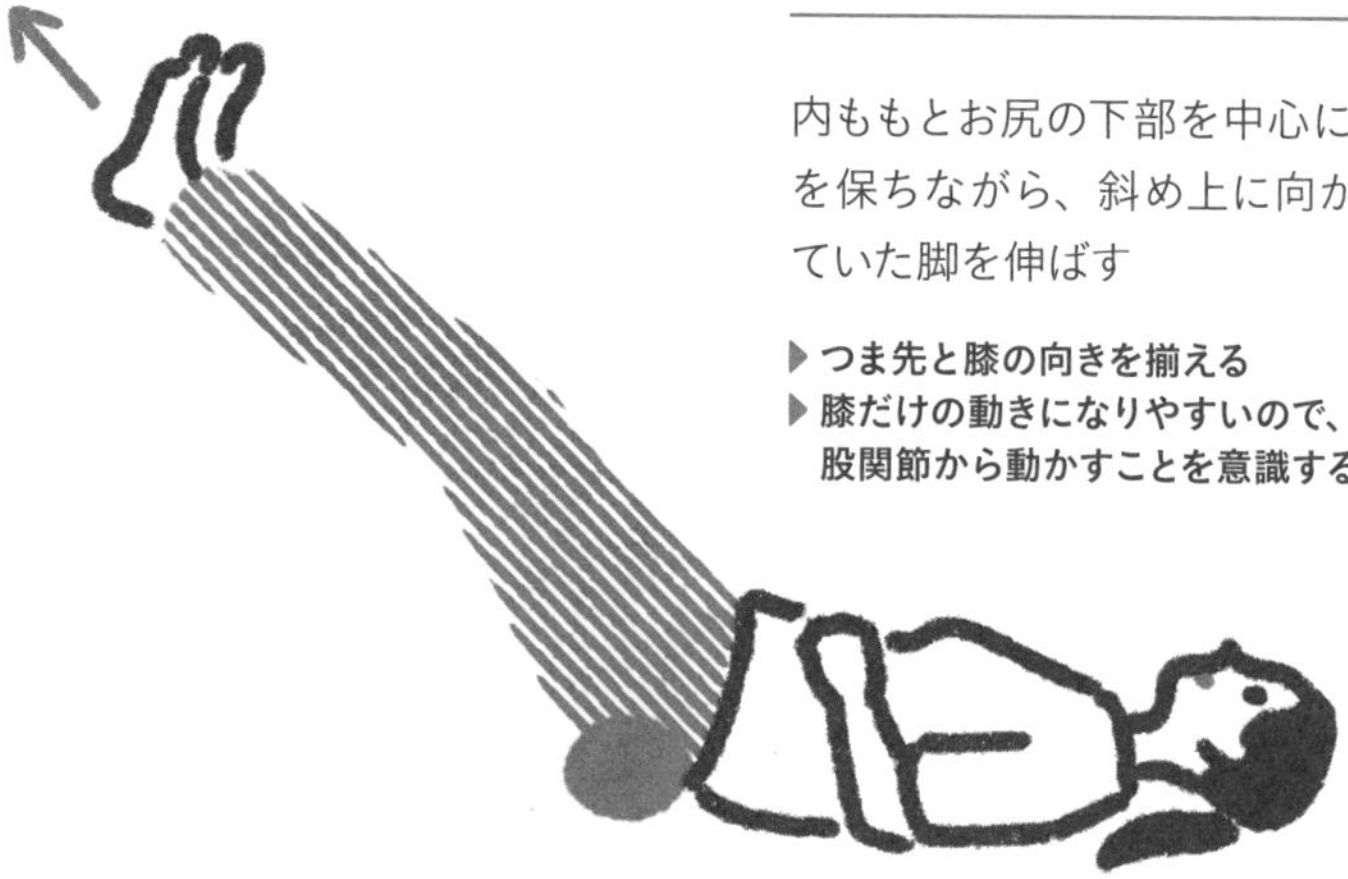

15回 目標

スタンディングアダクションで内ももの筋肉にアプローチする

効果

- 内ももの大きな隙間が解消する
- 太ももの内側が引き締まる
- 太ももの外ハリが解消する

スタートポジションのポイント

バスタオルを厚み10cmほどにたたみ、内ももに挟んで立つ

PROCESS. 1

片足のかかとを、もう片足の土ふまずの横にセットする

▶ **つま先と膝を30度くらい外側に向ける**

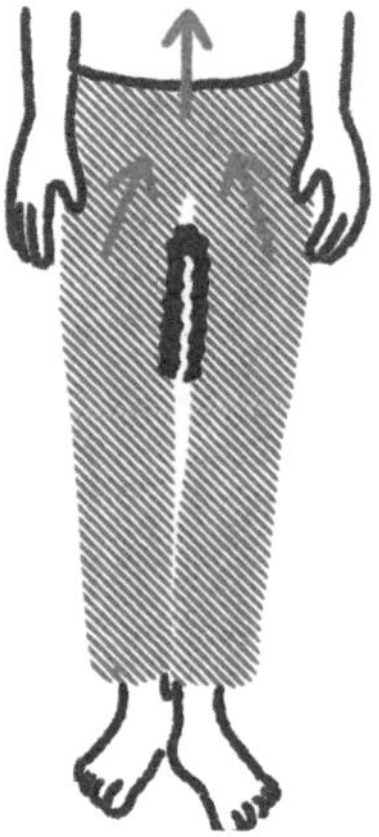

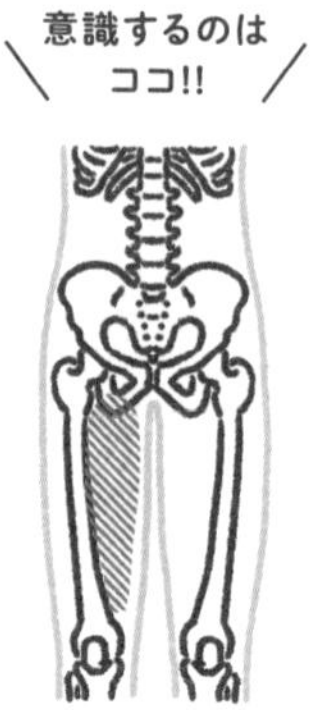

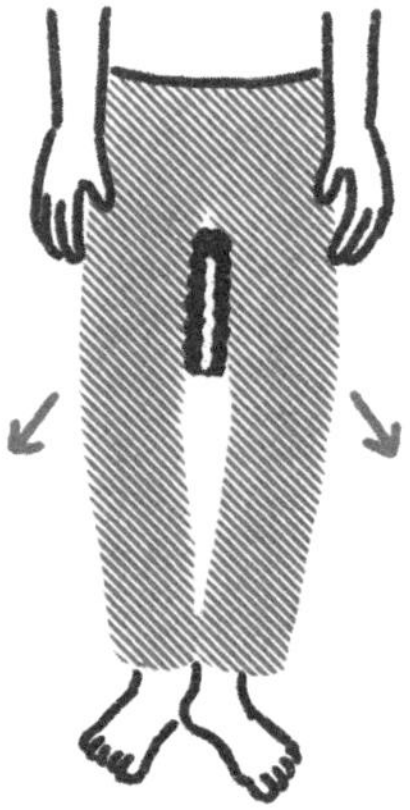

PROCESS. 2

両膝を軽く曲げる

▶ **つま先と膝の向きを揃える**
▶ **膝を曲げすぎると、太ももの前側を鍛えてしまうので注意**

PROCESS. 3

下腹部を上に引き上げるイメージで、内ももでバスタオルを潰す

▶ **内ももの後ろ側で潰すことを意識する**
▶ **膝だけの動きで潰さないように注意**

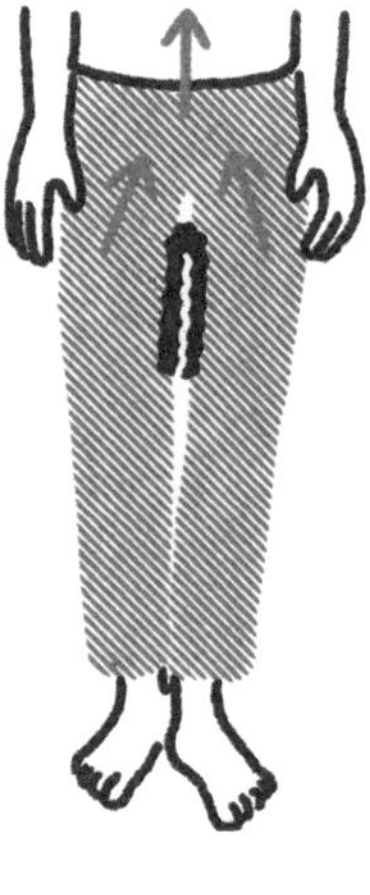

20回 目標

脚のタイプ2

X脚

X脚とは、膝はくっつくが、ふくらはぎと内くるぶしの間が離れ、膝から下が広がり、「X」の形になっている脚を指します。

両膝をくっつけ、**つま先を内側に向けて立って**いたり、**お姉さん座り**をしているなど、幼少期のクセが抜けない人に多いコンプレックスです。

＼X脚の人はこんな人／

- ✔ **ふくらはぎと内くるぶしがつかない**
- ✔ **太ももの前側や外側がパツパツになりやすい**
- ✔ **立つ時、座る時に内股になるのがクセ**

X脚の人の特徴

特徴1 座る時は内股、つま先も内側を向く

特徴2 脚を組む時、下側の脚を内側に倒している

特徴3 足首の内側に体重を乗せている

特徴4 椅子に浅く腰掛け、前のめりで座る

特徴5 お姉さん座り

特徴6 歩く時に膝と膝が当たる

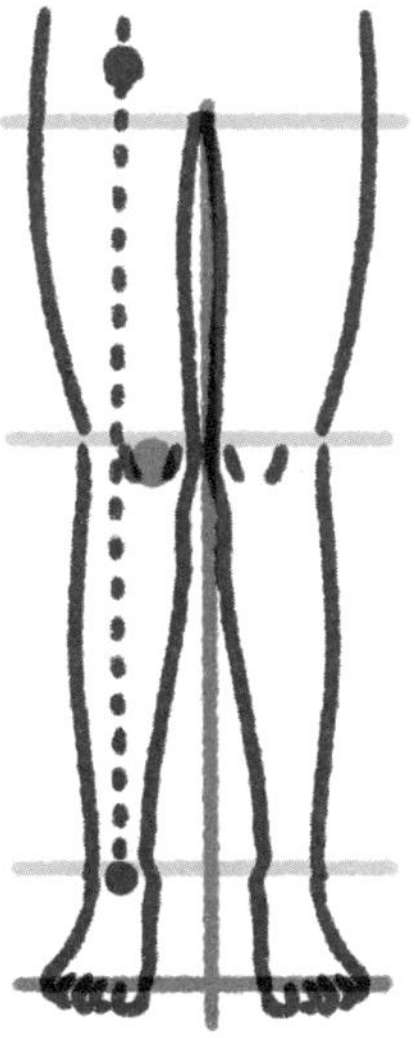

解消法

日常的に内股にならないように気をつけることで、X脚の進行を予防したり、解消することができます。太ももの前側と外側のリリースやストレッチを行い、お尻の筋肉をしっかり使えるようにしていきましょう。

原因

膝が内側へ向いている（内股）ため、**骨盤が前傾**し、太ももの前側に体重が乗りやすくなっていることが原因です。X脚を放置していると、太もも前側や外側の筋肉が発達するため、脚が太くなっていきます。

X脚の解消には、この筋肉にアプローチ！

ポイント

- 太ももの前外側（外側広筋）を使いすぎると、X脚は進行する
- お尻や股関節のインナーマッスルが使えるようになると、X脚は解消できる
- 太ももの前内側（内側広筋）を意識して使うようにする

X脚の人が意識するべき筋肉

使うと良い筋肉

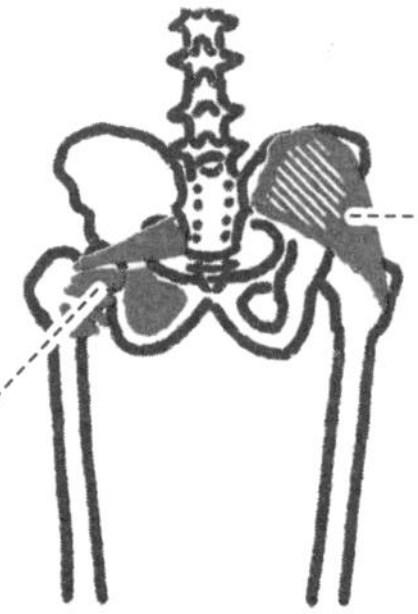

中臀筋（お尻の横側）

深層外旋六筋
（股関節のインナーマッスル）

外閉鎖筋（深層外旋六筋の1つ）

内側広筋
（太ももの前内側）

使いすぎている筋肉

長内転筋
（太ももの内側）

大腿筋膜張筋
（太ももの外側）
外側広筋
（太ももの前外側）

ヒップリフトフロッグで膝下のゆがみを解消する

効果

- ✓ 太ももと膝下のゆがみが解消する
- ✓ お尻の下部のダボッと感が解消する
- ✓ 横に広がったお尻が解消する

スタートポジションのポイント

寝る姿勢／足裏を合わせ、膝を外側に開く／床とスネの角度は45度

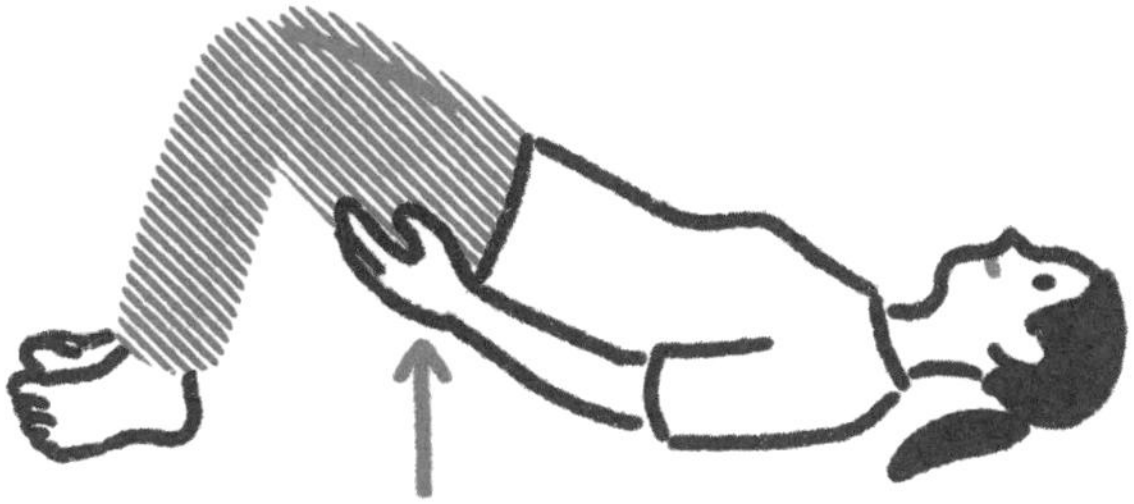

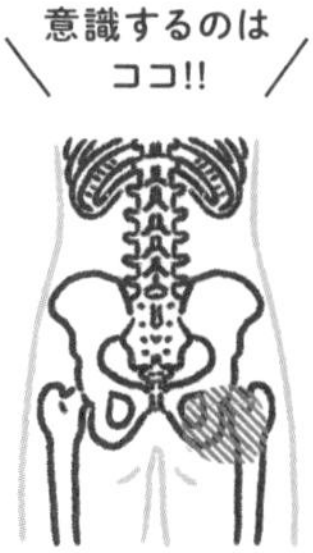

PROCESS. 1

両手でお尻の下部を中心に引き寄せながら、お尻を持ち上げる

- ▶ **お尻の下部を使う意識で**
- ▶ **お腹を突き出すと反り腰になりやすいので注意**

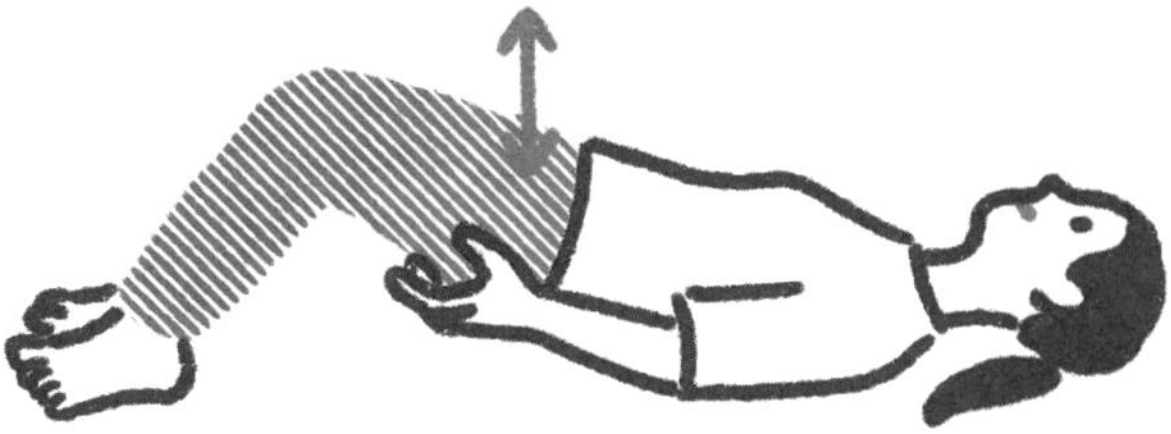

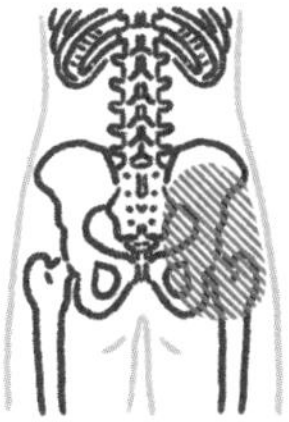

PROCESS. 2

股関節を支点に、お尻の上げ下げを繰り返す

- ▶ **腰が支点になりやすいので注意**
- ▶ **頭・肋骨・骨盤を一直線に保つ**

20回 目標

脚／X脚

LEARNING

PRACTICE

バッククロスランジで お尻と内ももの 筋肉を使う

効果

- お尻の上部が立体的になる
- お尻の下部のダボッと感が解消する
- 内ももの筋肉が意識的に使えるようになる

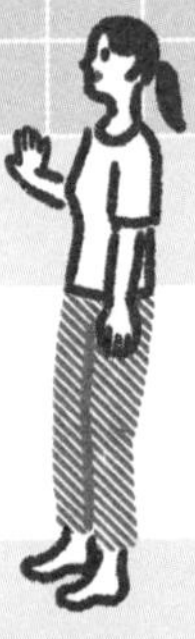

スタートポジションのポイント

壁に片手をついて立つ／頭・肋骨・骨盤を一直線にする／骨盤を正面に向ける

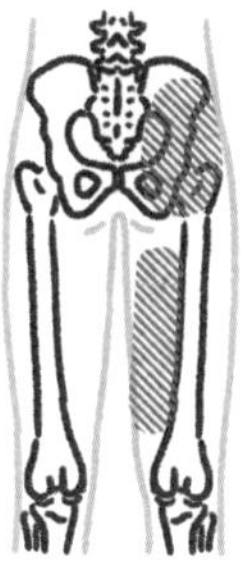

PROCESS. 1

壁についた手とは反対側の手でお尻のお肉を中心に寄せながら、壁側の脚を斜め後ろに引く

- **膝が内側に向きやすいので注意**
- **体は前傾してOK**

PROCESS. 2

手でお尻のお肉を中心に寄せたまま、股関節と膝を同時に曲げ、しゃがむ

- **お尻と内ももを使っている感覚があればGOOD**
- **骨盤が後傾しやすいので注意**

PROCESS. 3

下腹部を引き上げながら、スタートポジションに戻る

- **お尻と内ももを使っている感覚があればGOOD**
- **膝だけの動きになると、脚が太くなりやすいので注意**

目標 左右入れ替えて15回ずつ

脚のタイプ3

XO脚

XO脚とは、膝と内くるぶしはくっつきますが、ふくらはぎには隙間がある脚を指します。

O脚やX脚と比べると、歪んでいないようにも見えますが、**「膝から下だけまっすぐにならない」**と悩んでいる人はこのタイプです。

＼XO脚の人はこんな人／

- ✔ ふくらはぎの間に隙間がある
- ✔ 膝下が外に広がり、ふくらはぎの外側がパツパツ
- ✔ 女の子座りや膝をピンと伸ばして立つのがクセ

XO脚の人の特徴

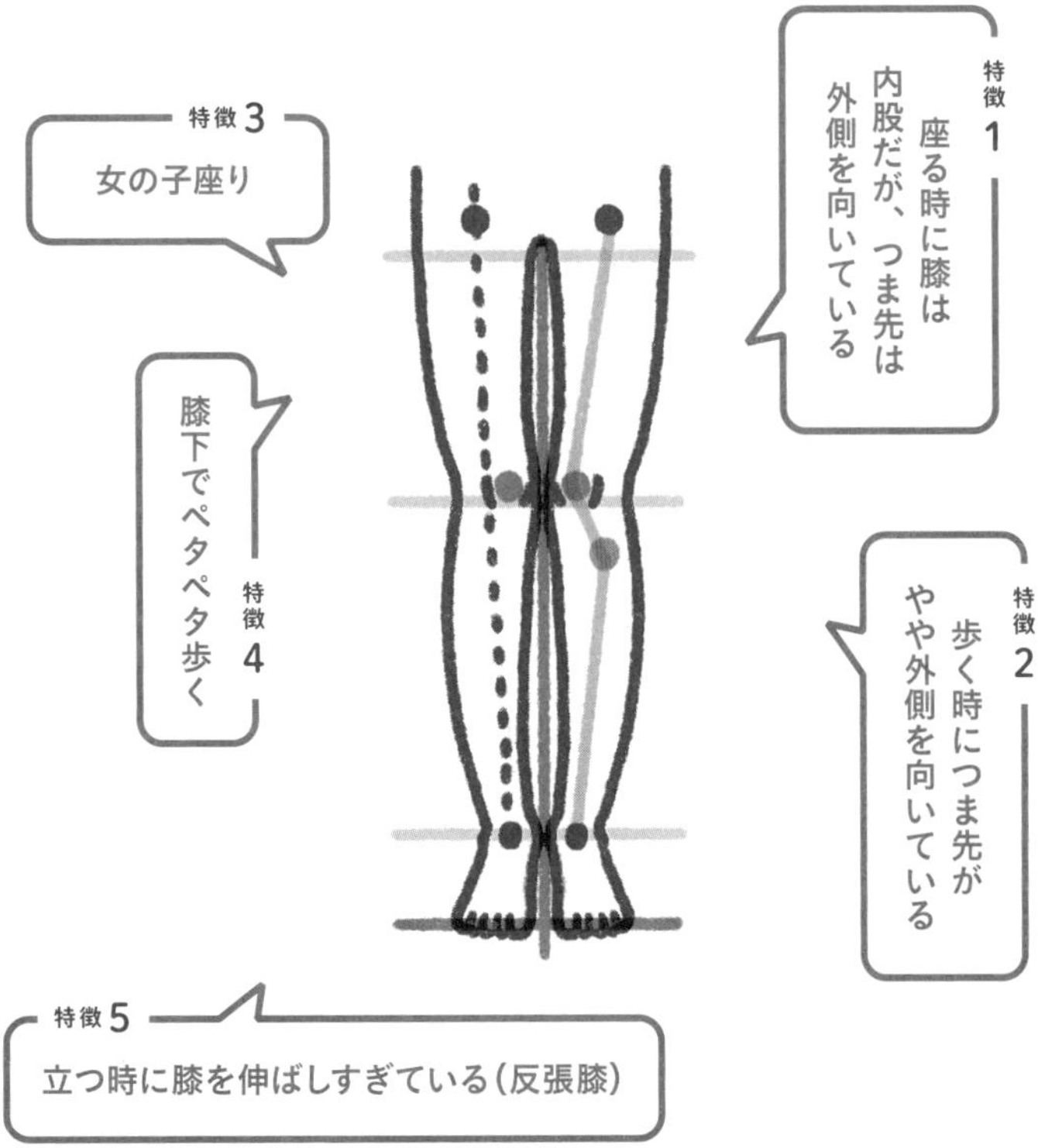

（解消法）

太ももの裏内側と膝裏の筋肉を積極的に使えるようにすることが一番の近道です。太ももの外側がガチガチに固まっているので、リリースやストレッチでほぐしていきましょう。

（原因）

女の子座りが習慣化していたり、**膝下だけでペタペタ歩いていること**が原因です。また、立つ時に、膝をピンと伸ばしすぎていることも原因です。膝下だけが歪んでいる状態が続くと、**膝や腰に痛みが生じてくる場合もあるので、注意しましょう。**

LEARNING

PRACTICE

ＸＯ脚の解消には、この筋肉にアプローチ！

ポイント

- ✔ 太もも外側（前後）の筋肉を使いすぎると、ＸＯ脚は進行する
- ✔ 太ももの裏内側の筋肉を意識して使うと、ＸＯ脚は解消できる
- ✔ 膝裏の筋肉を使えるようになるとＧＯＯＤ

XO脚の人が意識するべき筋肉

使うと良い筋肉

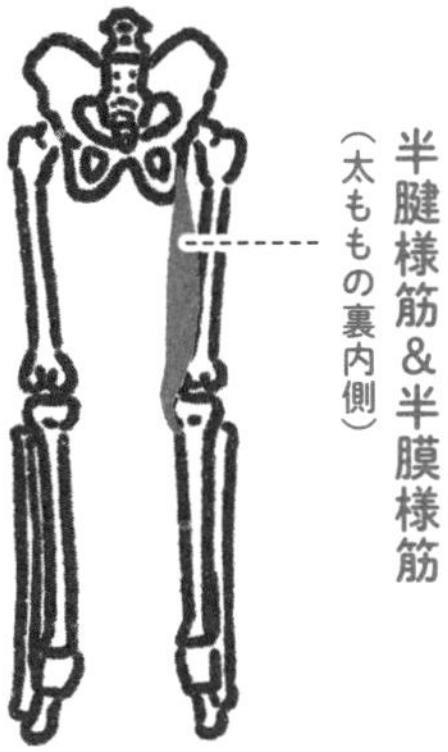

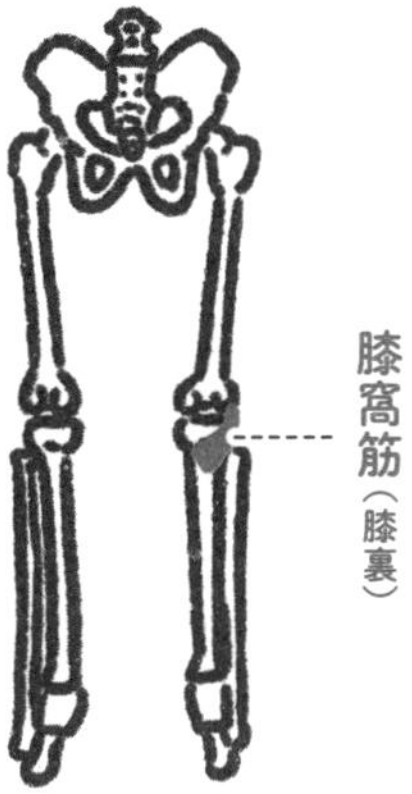

使いすぎている筋肉

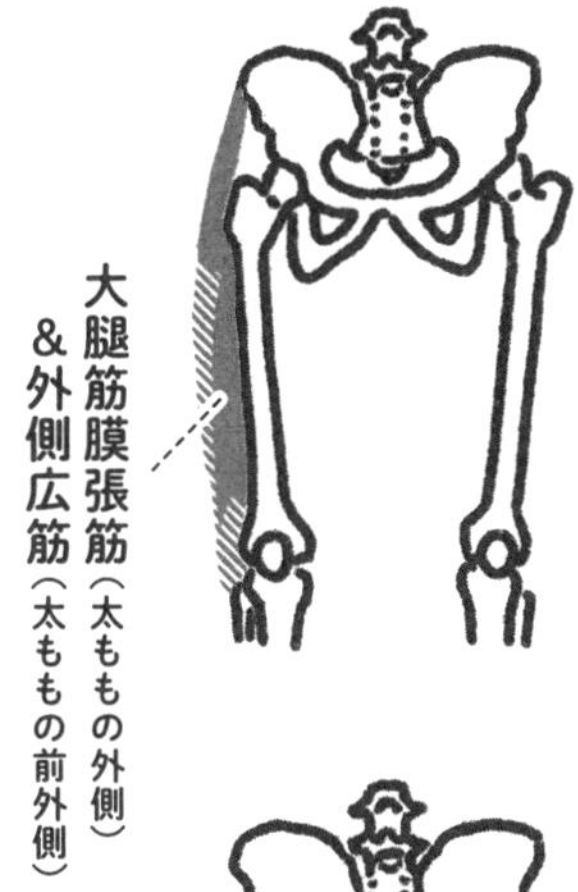

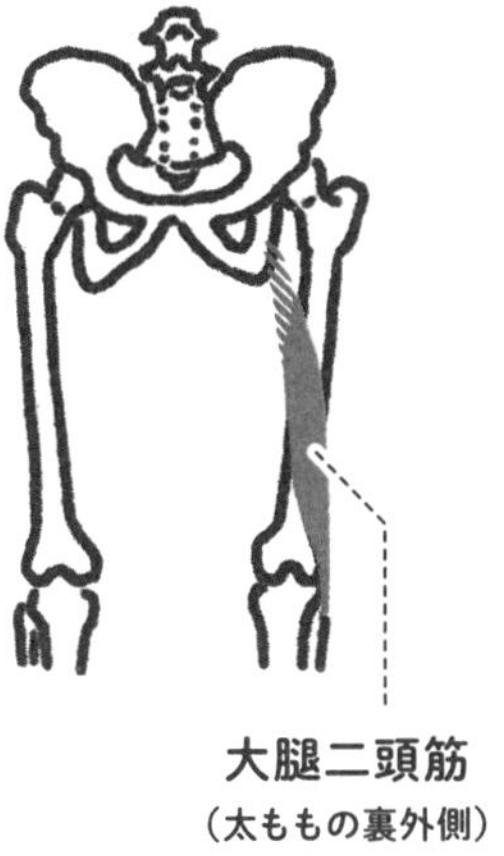

トゥインニーアウトで膝下のゆがみを解消する

効果

- 膝下のゆがみが解消する
- ふくらはぎの外ハリが解消する
- 太ももの外ハリが解消する

スタートポジションのポイント

マットやバスタオルを丸め、片方の足指の付け根の下に置く／乗せた方の足のつま先を15度内側に向ける

PROCESS.1

マットに乗せている脚の膝を正面に向け、軽く曲げる

- ▶お尻が外側に逃げないように注意
- ▶膝が正面を向くように、両手で押さえる

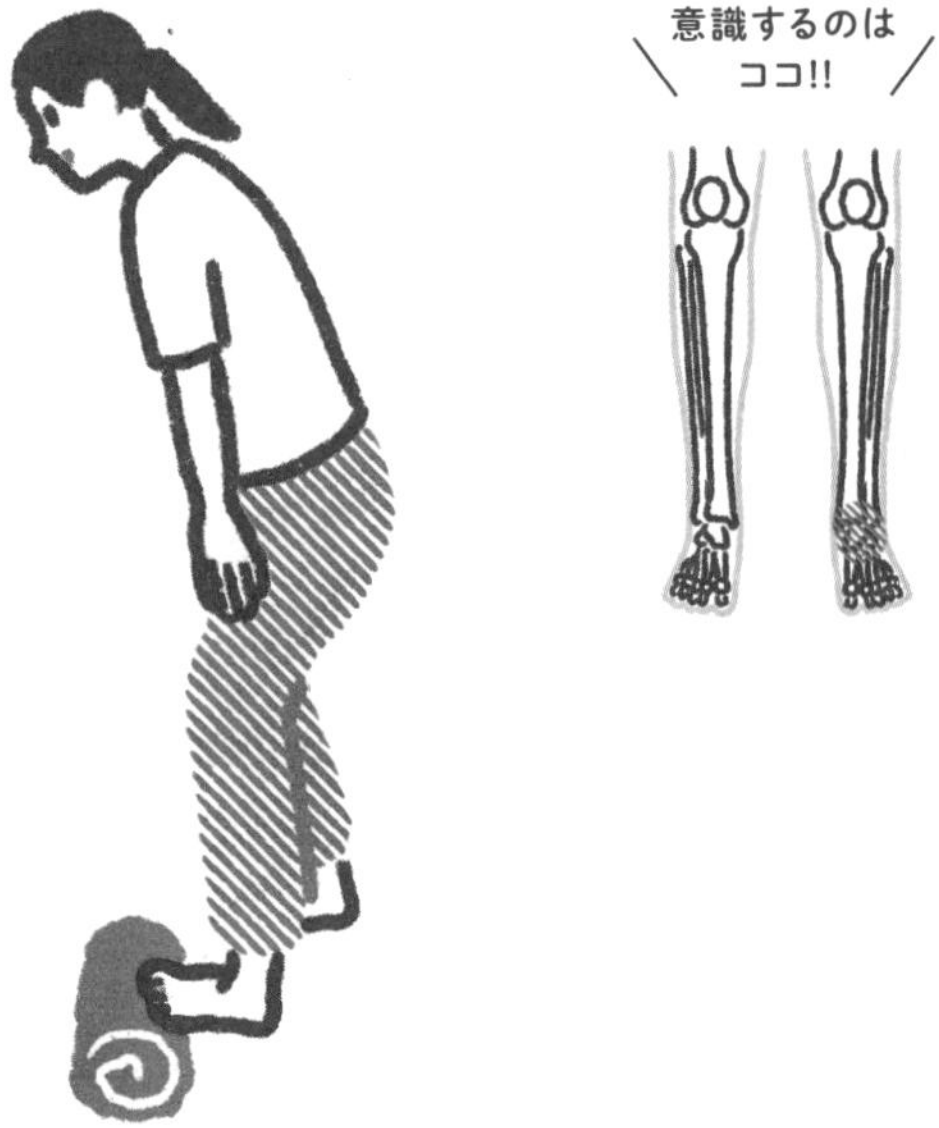

PROCESS.2

スネを正面に倒し、曲げ伸ばしを繰り返す

- ▶つま先やかかとの位置がズレやすいので注意
- ▶骨盤が後傾しないように注意

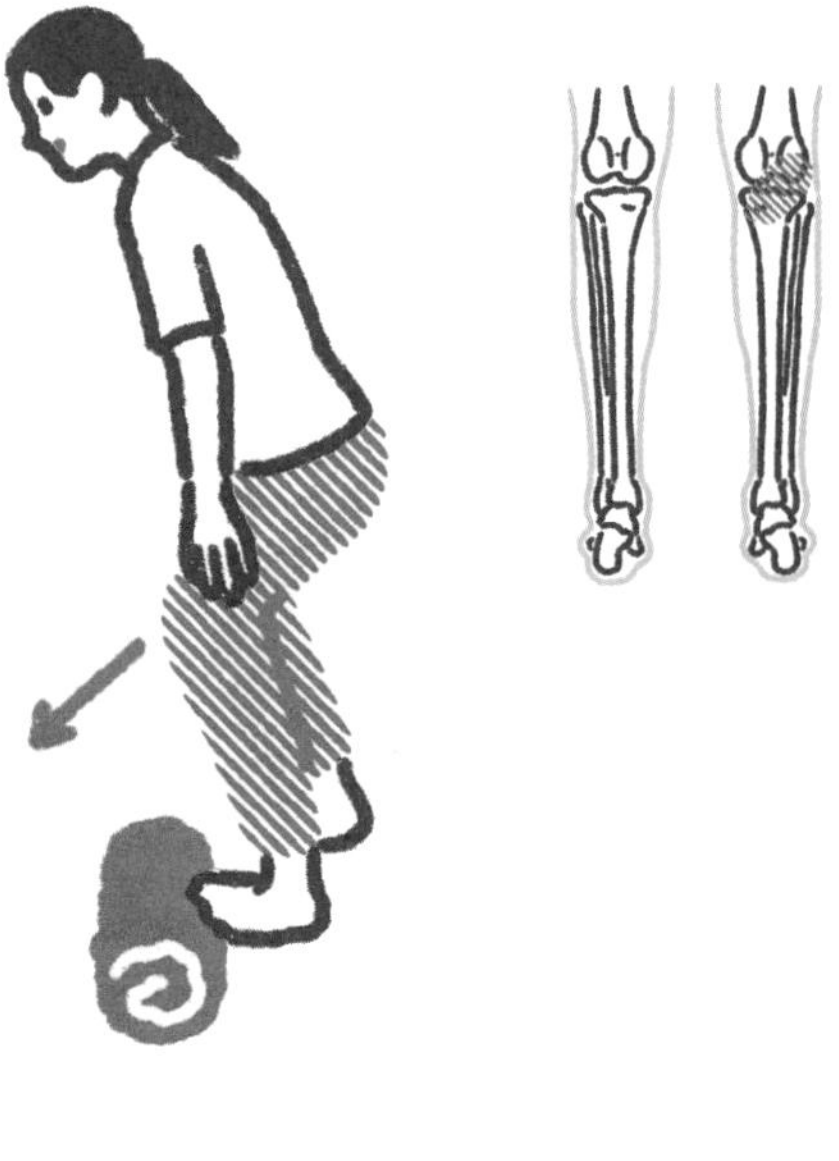

目標 左右入れ替えて20回ずつ

スタンディングレッグカールで 太ももの裏内側を 引き締める

効果

- 太ももの裏内側が引き締まる
- ふくらはぎの外ハリが解消する
- 太もも内側からふくらはぎ内側のラインが美しくなる

スタートポジションのポイント

片脚を引いて立つ／頭・肋骨・骨盤を一直線にする／引いた方の脚を内股にする

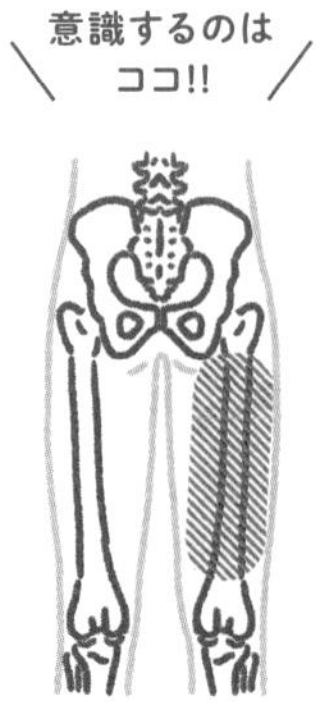

PROCESS. 1

引いた方の脚の膝を曲げる

- **下腹部を引き上げる意識がなくなると、反り腰になりやすいので注意**
- **曲げた時に膝が前に出ないように注意**

PROCESS. 2

脚を下ろし、曲げ伸ばしを繰り返す

左右入れ替えて20回ずつ 目標

第4章

太いふくらはぎをなんとかしたい！

「太いふくらはぎが気になり、
ロングスカートやフレアパンツで隠す」
「ふくらはぎがパンパンで靴下やブーツの跡がつくことが多い」
という声をよく耳にします。
ふくらはぎは、日常生活での姿勢や所作、
そして、履き物を意識するだけで細くすることができます。
ふくらはぎを細くする3ステップは、
どれも座ってできる簡単なものなので、
テレビを見ながら、お風呂に入りながら、やってみてください！

動画でCHECK！

LEARNING PRACTICE

ふくらはぎが細い人と太い人、どこが違う？

ポイント

- ✔ ふくらはぎが太い人は、足のアーチが潰れている
- ✔ ふくらはぎを細くするには、足指と足首を正しく使う
- ✔ 「女の子座り」はふくらはぎを太くする

ふくらはぎが太くなる原因

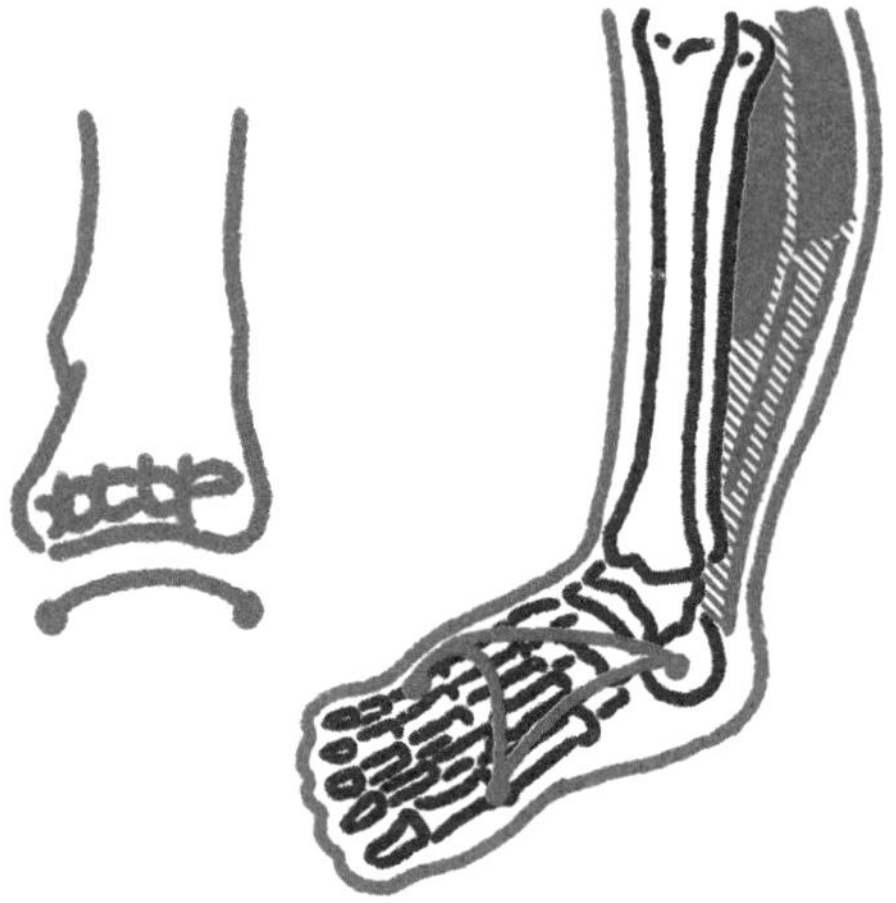

パンプスなど先の細い靴を履くと、
親指や小指が内側に曲がり、足のアーチが潰れてしまう

全身の体表面の、たった1％しかない足裏の上に、200個以上ある骨をズレることなく積み重ねることができると、最低限の力でカラダを支えることができます。これはふくらはぎを細く、美しくするために重要なポイントです。

また、足指、足首を正しく使えるようになると、ふくらはぎの位置が上がり、メリハリのある脚になります。

【ふくらはぎが太くなる原因】

パンプスなど先の細い靴によって親指や小指が内側に曲がり、足のアーチが潰れてしまうパターンと、女性ならではの幼少期のクセ（内股、女の子座り）によって股関節が内側にズレてしまい、膝下や足部が歪んでしまうパターンがあります。

【ふくらはぎを細くする3ステップ】

第1ステップ：硬くなった足指と足首をほぐす。第2ステップ：ふくらはぎの筋肉をほぐす。第3ステップ：足指・足首を正しく使えるようにする。

LEARNING PRACTICE

ふくらはぎが太くなる、日常生活の姿勢や所作

ポイント

- ✓ スマホを操作しながら歩くと、ふくらはぎが太くなる
- ✓ 膝をピンと伸ばしてしまうと、太ももとふくらはぎが太くなる
- ✓ パンプスやヒールはふくらはぎの大敵

ふくらはぎが太い人の習慣

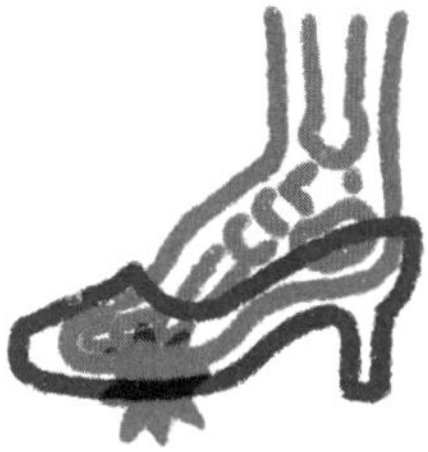

ヒールのある靴

親指や小指が内側に向いてしまうため、足のアーチを潰す原因になります。

スマホを操作しながら歩く

頭を前に出して下を向いた状態で歩くと、かかとが地面に着くたびにグラグラしてしまいます。それを安定させるために、ふくらはぎ（特に外側）の筋肉を必要以上に使わないといけないため、ふくらはぎの下側と外側が太くなってしまうのです。

膝をピンと伸ばす

お腹を前に突き出すクセがある人は、上半身や脚を後ろに引いてバランスをとろうとします。その際、膝をピンと伸ばしてしまうため、膝から下が外側に張りやすくなり、ふくらはぎが太くなるのです。

LEARNING PRACTICE

足指・足首リリースで 硬くなった足指と足首をほぐす

効果

- ✓ 硬くなった足指がほぐれ、足の骨が正しい位置に整う
- ✓ 足にかかる衝撃をうまく分散できるようになり、余計な筋肉を使う必要がなくなる
- ✓ 足のアーチができる

スタートポジションのポイント

片脚の太ももにもう片方の足を乗せて座る

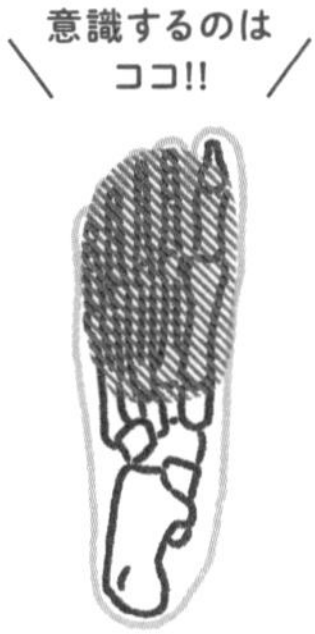

PROCESS. 1

足の親指と人差し指の付け根を持ち、前後左右に動かしていく（親指から小指まで順々に行う）

▶ **指先だけでなく、指の付け根から動かす**

PROCESS. 2

イラストのように右手と左足の指を絡ませる。左手の親指で足裏の中心を押しながら、左足をぐるぐる回す

▶ **左手で足首を押さえるイメージ**

▶ **足裏の上半分をしっかり動かすと、アーチができる**

PROCESS. 3

両手の親指で足の裏を押していく

▶ **かかとまでしっかり押すとGOOD**

各PROCESS　左右入れ替えて30秒間　目標

LEARNING

PRACTICE

下肢リンパリリースで
ふくらはぎをほぐして血液の流れを良くする

効果

- 硬くなったふくらはぎの筋肉がほぐれて脚瘦せする
- パンパンに張ったふくらはぎが細くなる
- 血流やリンパの流れが良くなる

スタートポジションのポイント

片膝を立て、もう一方はあぐらをかいて座る／
背中は丸まっていてもOK

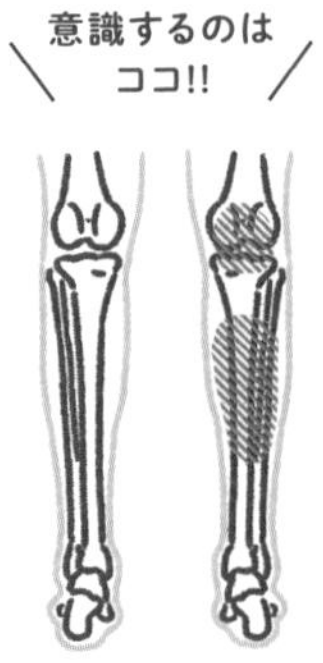

PROCESS. 1

両手の人差し指の第2関節を使って、内側と外側のくるぶしの下をU字になぞる

▶「痛気持ち良い」の範囲内で行う

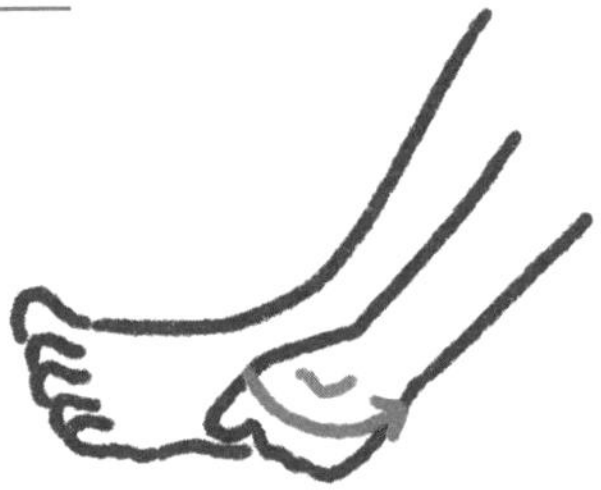

PROCESS. 2

膝裏を両手の親指で押しながら、つま先を上げ下げしたり、膝を曲げ伸ばしする

▶終わった後にふくらはぎを下から上にマッサージすると効果アップ

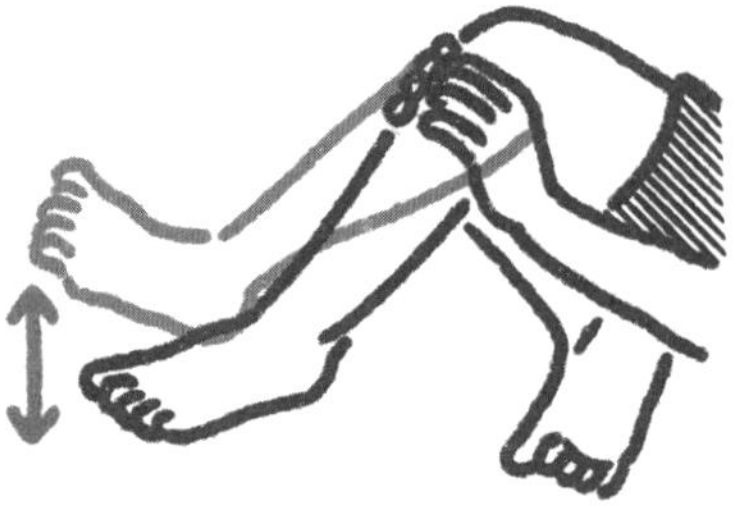

PROCESS. 3

太ももの付け根を両手の親指で押しながら、脚を左右に揺らす

▶指はグッと力を入れてOK

各PROCESS　左右入れ替えて20秒間　目標

LEARNING PRACTICE

足指・足首トレーニングで

足指・足首を正しく使う

効果

- つま先から太ももまでまっすぐな美脚になる
- 足指と足首が正しく使えるようになる
- 足裏の筋肉を正しく使えるようになると、足のアーチができる

スタートポジションのポイント

両脚を伸ばして座り、足幅はこぶし1個分／後ろに手をつき、上体を支える

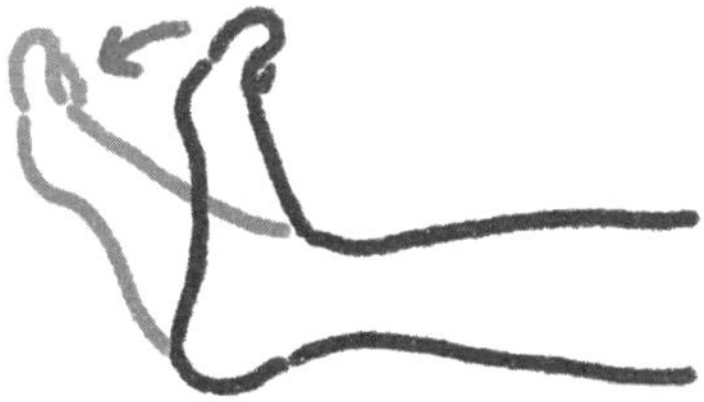

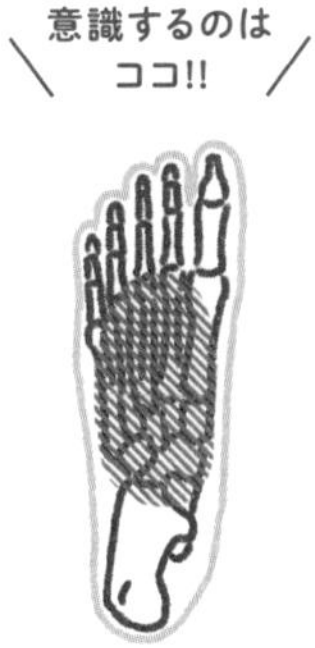

PROCESS. 1

両脚の全ての足指を反らし、足の甲を伸ばす

▶ **人差し指と中指の間・足首の中心・膝のお皿が一直線になると◎**
▶ **足指が開いた状態でできるとGOOD**

PROCESS. 2

両脚の足指をグッと握り、そのまま
足の甲を自分の方へ引き寄せる

▶ **足指の付け根から握れるとGOOD**

PROCESS. 3

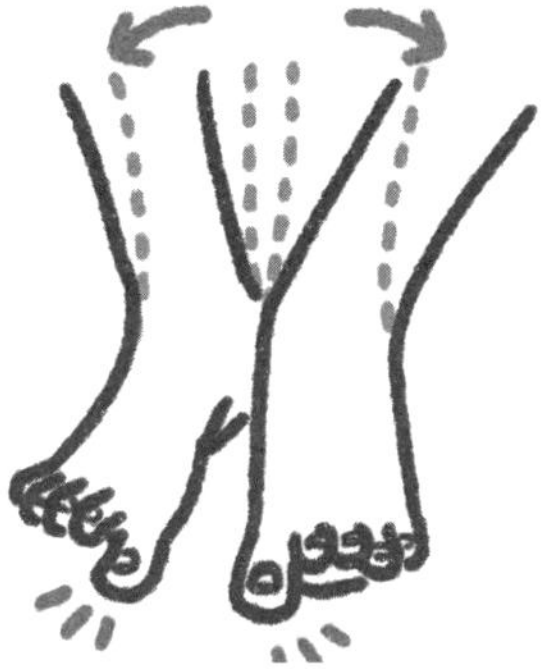

両膝を立てて、親指だけを床につけ、
他の指は浮かす。親指で床を押しなが
ら、両膝を外側へ開く

▶ **親指の腹から床にぴったりつけるのがポイント**
▶ **土ふまずの筋肉を使う感覚があるとGOOD**

目標 各PROCESS　20秒間

第5章

隠すしかなくなったウエストまわりのお肉はどうする？

「ずんどう体型だから、ウエストまわりがタイトな服は着られない」
「くびれを作りたいから腹筋をやってみたけど、効果が出ない」
「体重は減ったのに、思ったようにくびれない」
20代を過ぎると、女性たちは
ずんどう体型やうきわ肉に悩み始めます。
「ダイエットしたら、これらのコンプレックスは解消する」
たしかに間違いではありませんが、
根本的な問題は「骨の位置」にあります。
正しい骨の位置を理解して、
くびれのあるメリハリボディを目指しましょう。

動画でCHECK!

LEARNING

PRACTICE

どうしてずんどう体型になる人とならない人がいるの？

ポイント

- ずんどう体型の原因は、「肋骨」
- 肋骨下部が「逆台形タイプ」はくびれる
- 肋骨下部が「長方形タイプ」はずんどうになる

くびれのある人の肋骨とずんどう体型の人の肋骨

肋骨の下部が広がると……

女性にとって大切な骨盤底筋群が
働きにくくなってしまう

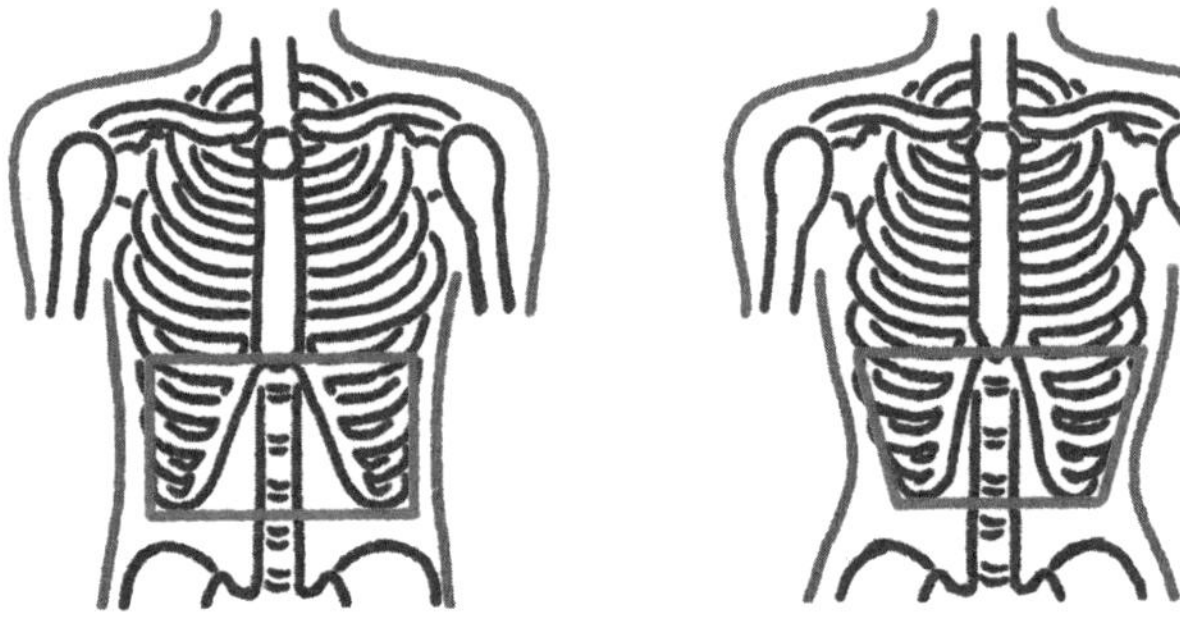

ずんどう体型の人　　**くびれのある人**

ずんどう体型とは、「ウエストのくびれがなく、胸から腰にかけての太さが同じ体型」を指します。

ずんどう体型の原因は、「肋骨」にあります。正しい肋骨は下部が逆台形なのに対し、ずんどう体型の肋骨は下部が横に広がり、長方形のようになっています。

長方形になった肋骨は、「ぽっこりお腹」など、多くのコンプレックスを生み出すため、注意が必要です。

また人は呼吸をする際、肺だけでなく、肋骨についている「横隔膜」も使用します。深く正しい呼吸をするには、横隔膜がドームのような形をしていることが必要不可欠です。しかし、肋骨の下部が広がると、横隔膜が肋骨に引っ張られて平たくなり、呼吸が浅くなります。浅い呼吸は、血液の流れを悪くしたり、集中力の低下や疲れが取れにくくなるなど、様々な不調を引き起こします。また、女性にとって大切な骨盤底筋群を働きにくくします。

LEARNING PRACTICE

肋骨と骨盤には超大きな関係が！

ポイント

- ずんどう体型の人は、お尻の形が確実に崩れる
- 「くびれ」と「くぼみ」は違う
- 猫背や反り腰は、ずんどう体型になる

肋骨と骨盤がボディラインを決める

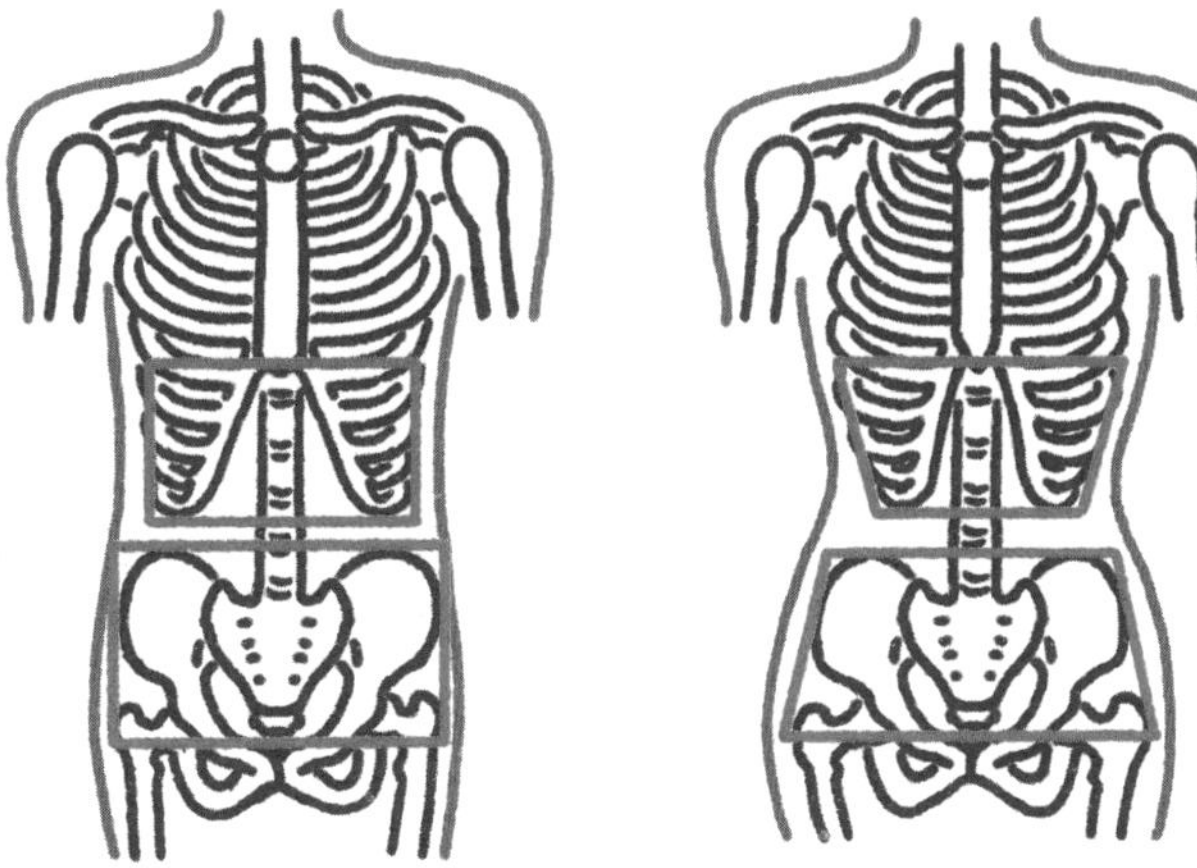

肋骨の下部が長方形
骨盤も長方形

肋骨の下部が逆台形
骨盤は台形

肋骨と骨盤は大きく関係しているため、肋骨の形は骨盤にも影響を与えます。

肋骨の下部が「逆台形」の人は、骨盤から脚のシルエットが「台形」になり、丸く引き上がったお尻を作ることができます。

一方、肋骨の下部が「長方形」の人は、骨盤から脚のシルエットも「長方形」になり、お尻が四角くなったり、お尻の横が凹んだりしてしまいます。

ずんどう体型の人が食事制限をすると、お腹まわりのお肉は引き締まりますが、これは**痩せたことによる「くぼみ」であり、「くびれ」ではない**ため、食事を元に戻すと簡単に制限前の体型に戻ってしまいます。

肋骨の下部が長方形になってしまう原因は、猫背や反り腰などの姿勢の乱れです。

食事制限をする前に、**まずは正しい姿勢を意識して肋骨の形を正し**、より良い土台作りを行っていきましょう。

LEARNING
PRACTICE

「うきわ肉」には意外な原因がある！

ポイント

- うきわ肉の原因は内臓の位置にある
- 姿勢が崩れると、内臓の位置が下がり、下っ腹が出る
- うきわ肉は脂肪も原因なので、食べ過ぎに注意

うきわ肉の原因

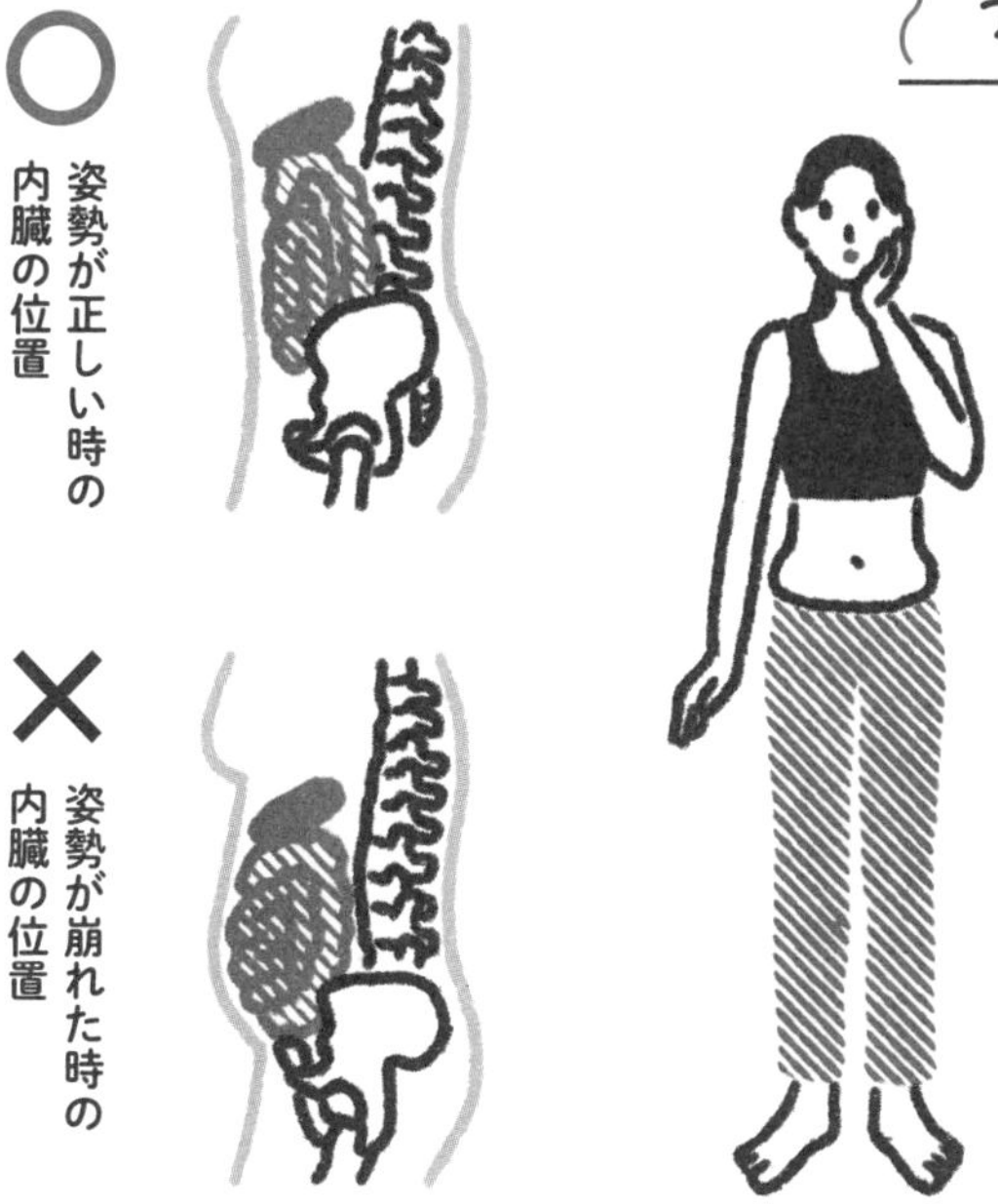

「うきわ肉」は女性に多く見られるコンプレックスです。

うきわ肉の原因は、「お腹の脂肪が多いから」だけではありません。**正しい姿勢をキープすることができず、内臓が正しい位置からズレてしまっていること**にあります。

正しい姿勢を常に意識できていると、内臓を入れるお腹の空間が縦に広がり、内臓がしっかりと骨盤の上に乗ります。

一方で、姿勢が崩れていると、お腹の空間が潰れ、内臓の位置が下がり、下っ腹が前に押し出されてしまいます。これにより、「カラダは痩せているのに、下っ腹だけ目立つ」というコンプレックスが生まれるのです。

うきわ肉の解消に必要なことは、「正しい姿勢を意識する」「肋骨と骨盤を逆方向にツイストする」の2つです。歩く時に胸をツイストして腕を振るなど、日常の動作の中に「カラダをツイストする」意識を加えてみましょう。

もちろん脂肪が原因の場合もあるので、食べ過ぎには注意してください。

LEARNING

PRACTICE

ソラシックツイスト（カール＆エクステンション）で固まった肋骨をほぐす

効果

- くびれを作る肋骨の動かし方が身につく
- 肋骨の形が整って猫背や反り腰が解消する
- くびれ筋（外腹斜筋）が使いやすくなる

スタートポジションのポイント

頭・肋骨・骨盤を一直線にして座る／足幅・膝幅はこぶし1個分

PROCESS.1

みぞおちを支点にカラダをツイストする。前側の手は太ももの外側に、後ろ側の手はイス（もしくは骨盤）に添える

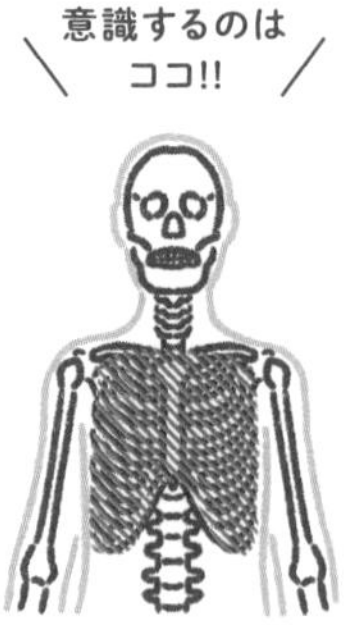

PROCESS.2

ツイストしたまま、
みぞおちを支点に背中を丸める

▶ **頭だけの動きにならないように注意**

PROCESS.3

みぞおちを支点に胸を反っていく。
PROCESS.2と3を繰り返す

▶ **頭や腰だけの動きにならないように注意**
▶ **みぞおちより上で
胸を反るようにするとGOOD**

左右入れ替えて10回ずつ　目標

LEARNING PRACTICE

ソラシックペンドラムで肋骨を正しい形に整える

効果

- 肋骨全体の形を整える
- 首コリ・腰痛が解消する
- 背中から腰のラインが美しくなる

スタートポジションのポイント

頭・肋骨・骨盤を一直線にして座る／足幅・膝幅はこぶし1個分／両手でみぞおちを押さえる

PROCESS. 1

みぞおちを振り子のように左右に動かす

- **骨盤が横にズレないように注意**

目標　10往復

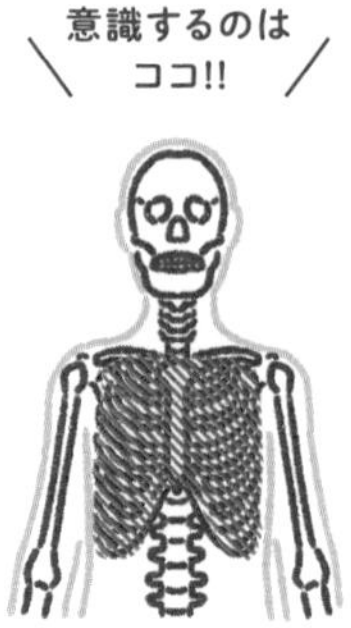

PROCESS. 2

みぞおちを振り子のように前後に動かす

- **みぞおちを引きこむイメージ**
- **頭だけの動きになりやすいので注意**

目標　10往復

PROCESS. 3

みぞおちを右→前→左→後ろと、円を描くように回す。反対回しも行う

- **キレイな円を描けるようになるとくびれる**
- **ゆっくり丁寧に行う**

目標　5周ずつ

LEARNING

PRACTICE

ソラシックツイストで
肋骨を正しく動かす

効果

- ✓ くびれを作る肋骨の動きが身につく
- ✓ 日常の動作がくびれエクササイズになる
- ✓ 手の動きをつけることで、肋骨の動きが理解できる

スタートポジションのポイント

頭・肋骨・骨盤を一直線にしてイスに座る／
足幅・膝幅はこぶし1個分

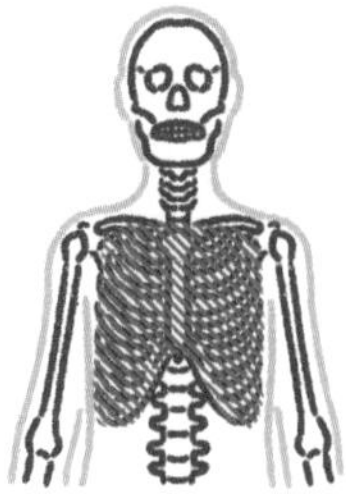

PROCESS. 1

ひじを曲げ、胸の前でルービックキューブを持つようなポーズをとる

- **ルービックキューブは、肋骨の動きをイメージしやすいように**
- **肩が上がらないように注意**

PROCESS. 2

右手は前回し、左手は後ろ回しをさせながら、上半身を左側へツイストする

- **息を吐きながら行うとくびれ筋（外腹斜筋）に効く**

目標 左右入れ替えて10回ずつ

LEARNING

PRACTICE

ソラペルシザースで 肋骨と骨盤を連動させる

効果

- 肋骨と骨盤を連動できるようになり、くびれができる
- くびれができる歩き方が身につく
- 下半身太りが解消する

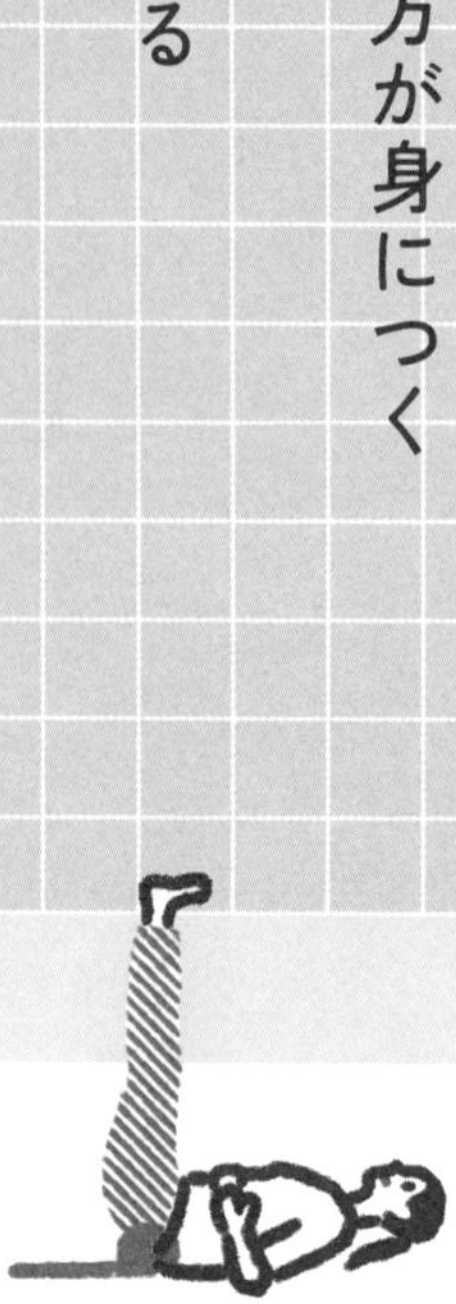

スタートポジションのポイント

仰向けで寝る／マットやバスタオルを丸めて、骨盤の下に置く／両脚は天井へ伸ばす

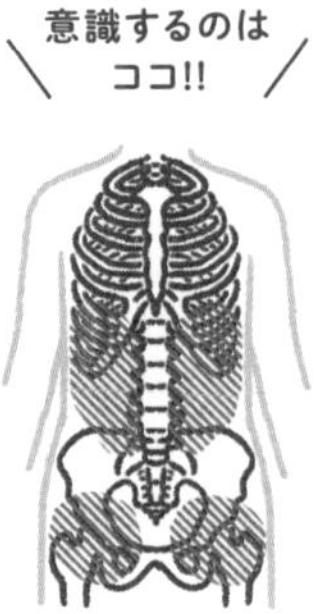

PROCESS. 1

両手を太ももの内側に添える

▶「おでことアゴを結ぶ線」が床と平行になるように注意

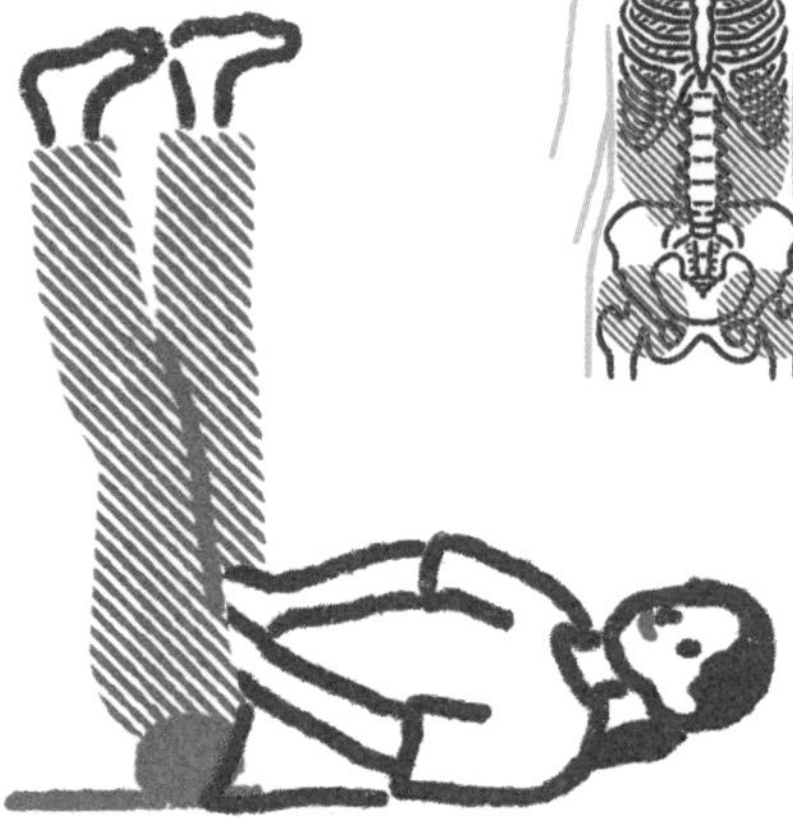

PROCESS. 2

両脚を前後に開く

▶ 両手が太ももの内側から離れないように
▶ 胸の動きを意識するとGOOD

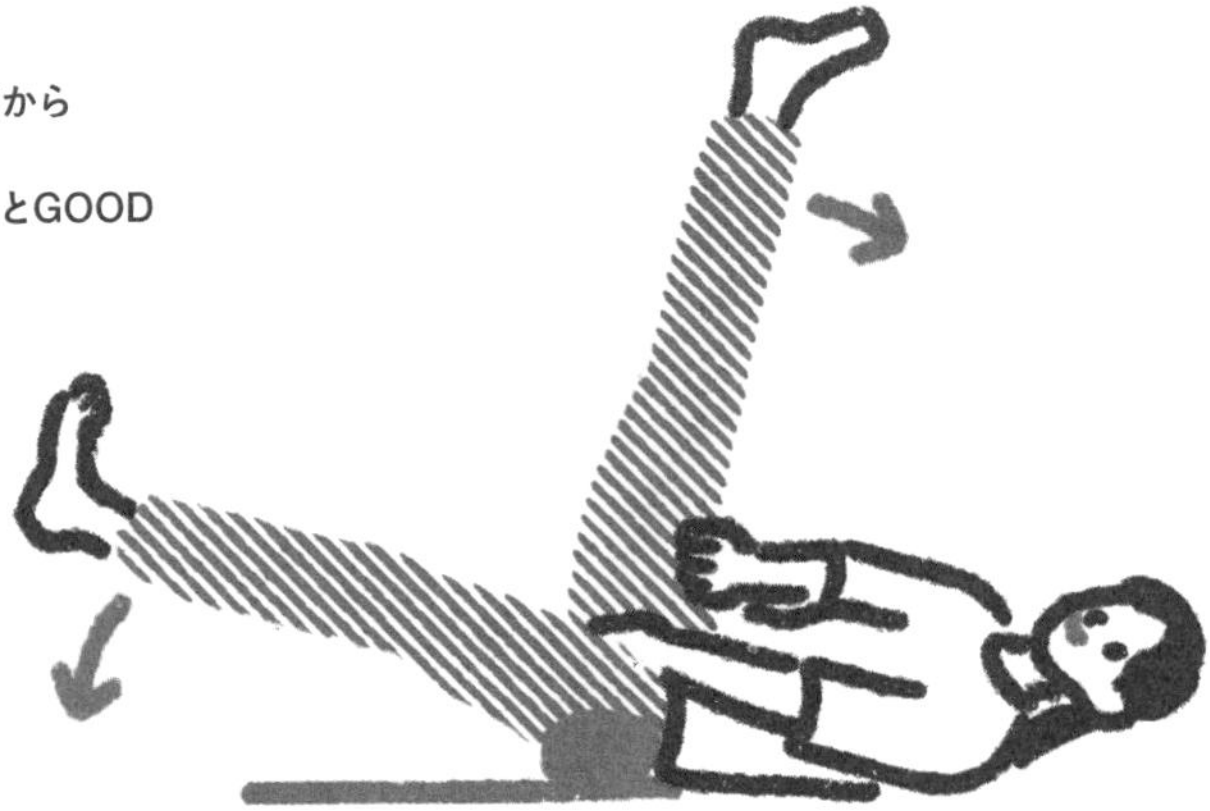

目標 左右交互に計20回

LEARNING

PRACTICE

ハーフニーリングツイストで ずんどう体型と下半身太りを解消する

効果

- 内もものお肉が引き締まる
- くびれを作る歩き方が身につく
- 骨盤を安定させながら、肋骨を動かせるようになる

スタートポジションのポイント

片膝立ちの姿勢／両膝を90度に曲げる／つま先と膝の向きを揃える／骨盤を正面に向ける

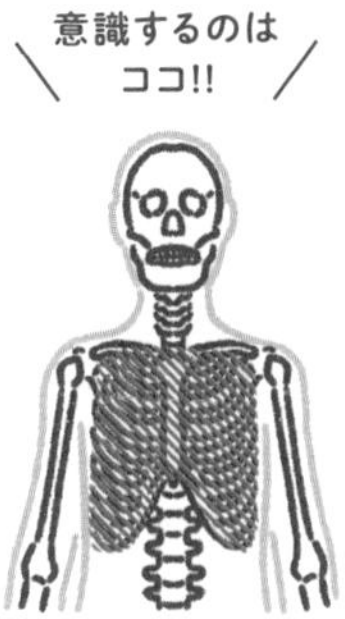

PROCESS. 1

胸の前でルービックキューブを持つようなポーズをとる

▶ **肩が上がりやすいので注意**

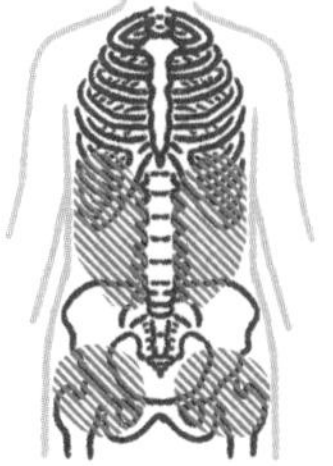

PROCESS. 2

右手は前回し、左手は後ろ回しをしながら、上半身を左側へツイストする

▶ **骨盤が動かないように注意**
▶ **頭が前に出たり、下を向きやすいので注意**

目標 左右入れ替えて15回ずつ

LEARNING PRACTICE

エルボープッシュアップツイストで
くびれを作る

効果

- くびれの位置を上げ、脚長効果
- アンダーバストが締まり、バストアップ
- くびれ筋（外腹斜筋）を使いやすくする

スタートポジションのポイント

骨盤を真横に向けて寝る／肋骨は床に向ける／
肩の下にひじがくるように

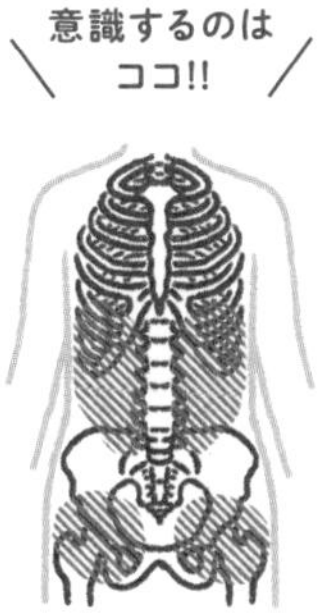

PROCESS.1

肘で床を押して、頭・肋骨・骨盤が一直線になる位置までカラダを浮かす

▶ **骨盤が床の方を向かないように注意**
▶ **頭が下に落ちないように注意**

PROCESS.2

ひじで床を押しながら、おへそを覗き込むように背中を丸める

▶ **頭だけの動きにならないように注意**

10回 目標

第6章

背中のはみ肉は危険信号！フェイスラインに影響!?

「ブラジャーからはみ出るお肉が気になる」

「フェイスラインがたるんできた」

「目が垂れて小さくなってきた気がする」

など、本章では、上半身の
コンプレックスについて解説していきます。

「『背中のはみ肉』と『フェイスラインのたるみ』は、
一見関係がなさそうなのに、どうして同じ章で
紹介されているんだろう？」と思った方はいますか？
実は、この2つのコンプレックスには共通点があります。
コンプレックスの原因を正しく学び、「背中のはみ肉」と
「フェイスラインのたるみ」を一気に解消していきましょう。

動画でCHECK！

LEARNING PRACTICE

背中のはみ肉は、フェイスラインがたるむ予兆!?

ポイント

- ✔ 背中のはみ肉の原因は、太ったからだけではない
- ✔ 背中のはみ肉と、フェイスラインがたるむ原因は同じ
- ✔ 頭と肩の位置が重要

背中のはみ肉に悩んでいる人の特徴

デスクワーク猫背

背中は丸く、
アゴが上がっている状態

スマホ首

頭がうなだれている状態。
首のアーチがなくなっている

「最近太って、ブラジャーからお肉がはみ出ちゃうんだよね」という声をよく耳にしますが、背中のはみ肉の原因は、太ってしまったこと以外に、**頭と肩が正しい位置からズレてしまっていることにあります。**

　これにより、肩の後ろ側の筋肉が引き伸ばされてたるんでしまい、背中のはみ肉が生まれるのです。

　さらに、首の前後についている筋肉がアンバランスになるため、フェイスラインがたるんだり、巻き肩になってしまいます。

「背中のはみ肉」と「フェイスラインのたるみ」は、関係がないように思えますが、きっかけとなる原因は同じです。

　現代人によく見られる頭と肩の位置が前にズレてしまっている姿勢には、「スマホ首」と「デスクワーク猫背」の2種類があります。

　自分がその姿勢になっていないか、イラストで確認しましょう。

LEARNING PRACTICE

頭を正しいポジションに置くとフェイスラインは美しくなる！

ポイント

- ✔ 頭の正しいポジション＝肩の先端（肩《けん》峰《ぽう》）の上に耳の穴がある
- ✔ 頭部が5cm前に出ると、首のストレスは2倍
- ✔ 舌が上アゴの先（スポット）にあると、フェイスラインは引き締まる

頭の正しいポジション

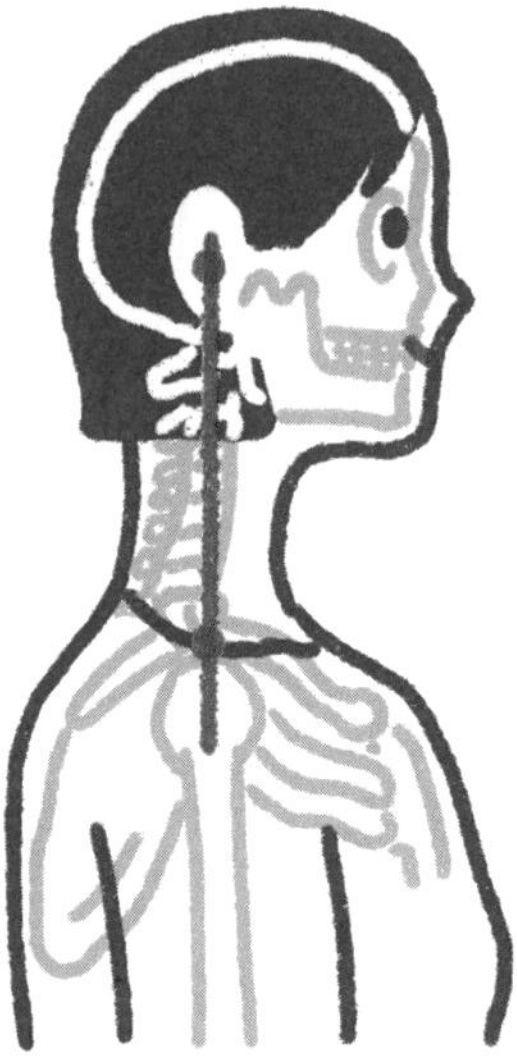

頭の正しいポジション＝
肩の先端（肩峰）の上に耳の穴がある

肩の先端（肩峰）の真上に耳の穴があることがある。これが頭の正しいポジションです。この状態をキープすることができると、首の前後の筋肉をバランスよく使うことができ、必要最低限の力で頭を支えることができます。

頭が正しいポジションにあると、舌は上アゴの先（スポット）にくっつきます。

目線の位置を少し上げ、後頭部を少し後ろに引いてみてください。舌が上に引き上がりませんか？　この動きはフェイスラインのたるみ解消の重要な基礎となります。**日頃から舌の位置を確認しましょう。**

頭が5cm前に出ると、首のストレスは2倍になります。また、「背中のはみ肉」だけではなく、ずんどう体型になる、背中からお尻にメリハリのない「ほうらくお尻」になる、胸が垂れるなど、多くのコンプレックスを生み出します。

LEARNING

PRACTICE

肩甲骨の正しいポジションを知って、背中のはみ肉を卒業！

ポイント

- シルエットが美しい人の肩甲骨は30度ほど前に傾いている
- 肩甲骨が広がりすぎると肩が上がり、猫背になる
- 肩甲骨を寄せすぎると、「くびれ筋」が働きにくくなる

肩甲骨の正しいポジション

シルエットが美しい人の肩甲骨は30度ほど前に傾いている
肩甲骨のライン上に肩と腕があると、理想的

肩甲骨は、肋骨を包み込むようについているため、頭上から見ると30度ほど前に傾いています。**このライン上に肩や腕があると、首が長く、フェイスラインから肩までシルエットがキレイに見えます。**

30度は肩甲骨が安定しスムーズに動かせる角度でもあるので、上半身エクササイズの際に意識すると効果がアップします。

一方、肩や腕の位置が30度より前に傾くと、肩甲骨は外側に広がり「デスクワーク猫背」になってしまいます。また、頭も前に引っ張られるため、「スマホ首」にもなってしまいます。

これを解消しようと肩や腕の位置を30度よりも後ろに引きすぎると、今度は肩甲骨が内側に寄りすぎてしまい、くびれ筋である前鋸筋や外腹斜筋が働きにくくなってしまいます。

肩甲骨は外側に広がりすぎても内側に寄せすぎてもコンプレックスを生み出すので、注意しましょう。

LEARNING

PRACTICE

首前（胸鎖乳突筋）ストレッチで
首の前の筋肉をほぐす

効果

- ✔ 頭が正しいポジションに戻る
- ✔ フェイスラインのたるみが解消する
- ✔ 鎖骨がクッキリ出る

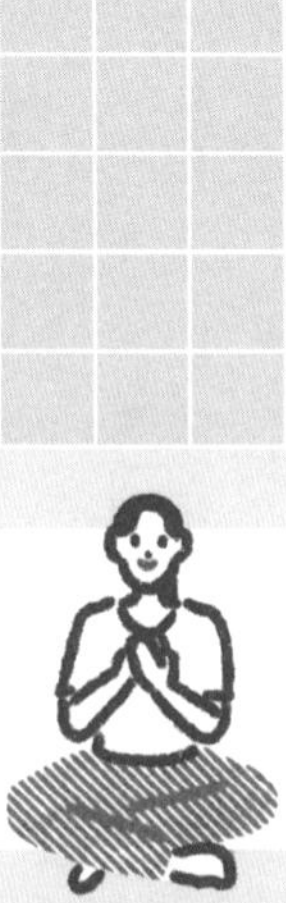

スタートポジションのポイント

あぐらをかいて座る／
肩・骨盤の左右の高さを揃える／
鎖骨の下で両手をクロスして胸を押さえる

PROCESS. 1

アゴを上に突き出すイメージで
上を向く

▶ 舌を上アゴの先（スポット）に
つけることを意識すると効果アップ
▶ 背中が丸まらないように注意

目標 20秒間キープ

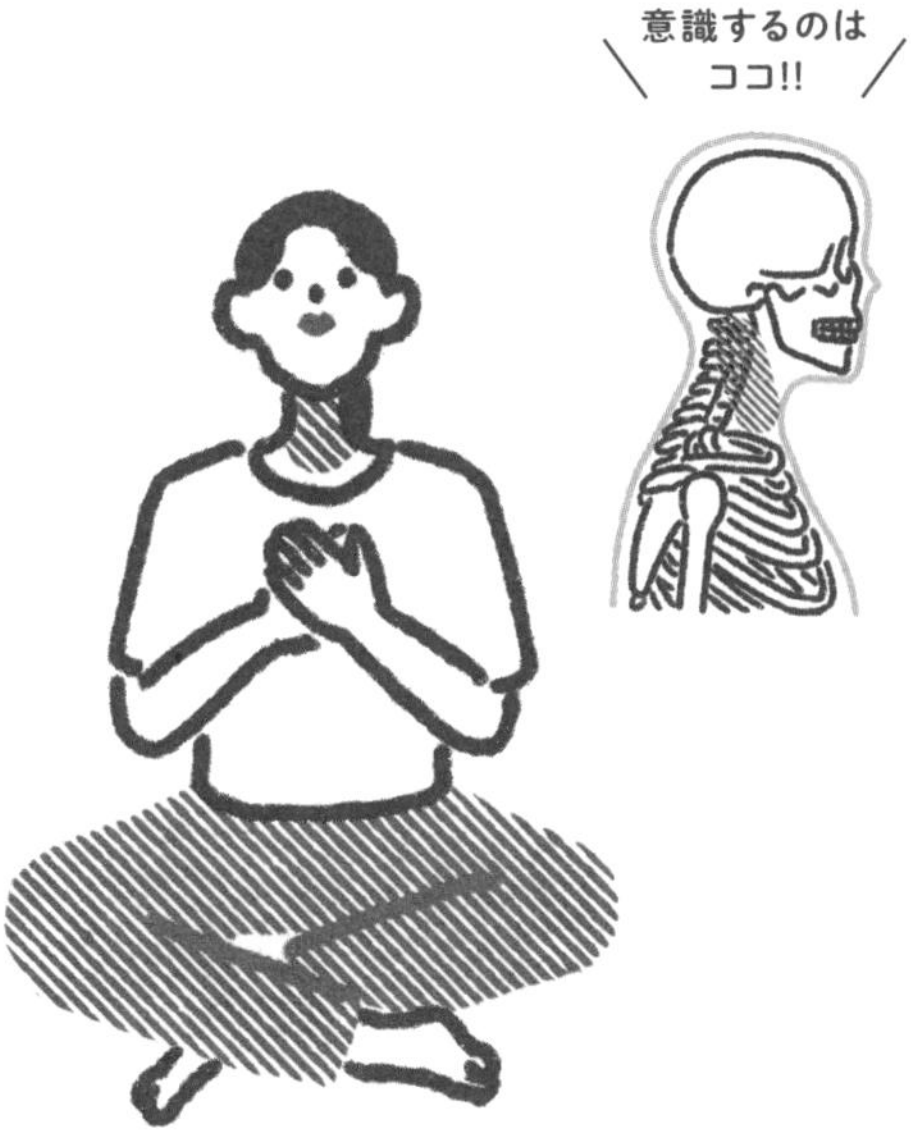

PROCESS. 2

アゴを斜め上に向ける

▶ 舌を上アゴの先（スポット）に
つけることを意識すると効果アップ
▶ 首から鎖骨にかけての筋肉が伸びている
感覚があればGOOD

目標 左右入れ替えて20秒間ずつキープ

LEARNING PRACTICE

首肩（僧帽筋）ストレッチで
首の後ろの筋肉をほぐす

効果

- ✓ 肩のもりあがりが解消され、首が長く見える
- ✓ フェイスラインがキレイになる
- ✓ 肩甲骨が正しい位置に戻り、首コリ、肩コリが解消される

スタートポジションのポイント

あぐらをかいて座る／手を横に広げ（30度前）、指先を床につける

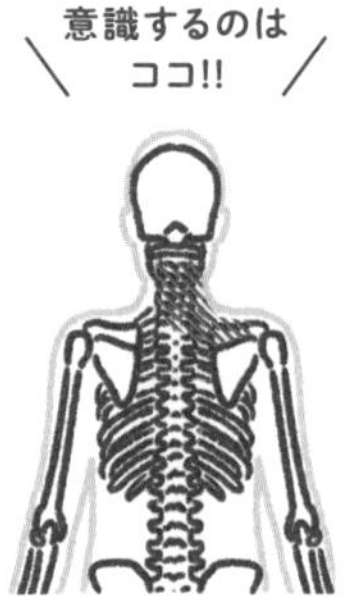

PROCESS. 1

頭を真横に傾ける

▶ 傾けていない方の指先を
遠くに伸ばすイメージで
▶ 首の横が伸びていればGOOD

PROCESS. 2

頭を斜め下に傾ける

▶ 首の後ろ側が
伸びていればGOOD
▶ 頭を傾けることよりも、
指先を遠くに伸ばすことに集中する

各PROCESS　左右入れ替えて20秒間キープ　目標

LEARNING PRACTICE

胸（大・小胸筋）のストレッチで
肩を正しい位置に戻す

効果

- ✔ 胸の筋肉が柔らかくなる
- ✔ 巻き肩が解消され、猫背が改善する
- ✔ 肩甲骨が正しい位置に戻り、首コリ、肩コリが解消される

スタートポジションのポイント

ひじから先を壁につけて立つ／ひじを肩と同じ高さに置く

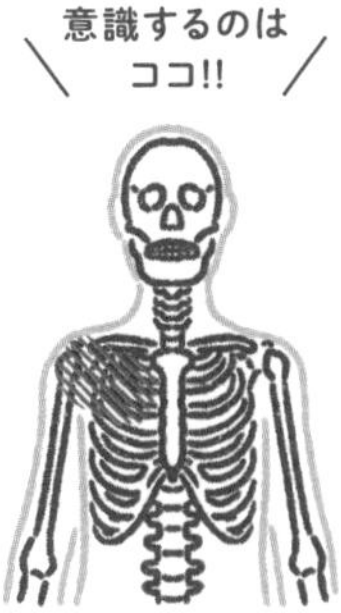

PROCESS. 1

壁側の脚を一歩前に出し、壁と反対側へカラダをツイストする

▶ **腰を反りやすいので注意**
▶ **胸の筋肉を横に伸ばすイメージ**

PROCESS. 2

肩の高さより上にひじを置き、壁と反対側へカラダをツイストする

▶ **胸の筋肉を斜め上に伸ばすイメージ**
▶ **ひじの位置をカラダから遠ざけるとGOOD**

各PROCESS　左右入れ替えて20秒間キープ　目標

LEARNING PRACTICE

チンタックで頭を正しい位置に戻す

効果

- ✔ 首（頚椎）のカーブを作る
- ✔ 頭の位置を、本来あるべき場所に記憶させる
- ✔ スマホ首、デスクワーク猫背が解消する

スタートポジションのポイント

頭・肋骨・骨盤を一直線にしてイスに座る／膝幅はこぶし1個分

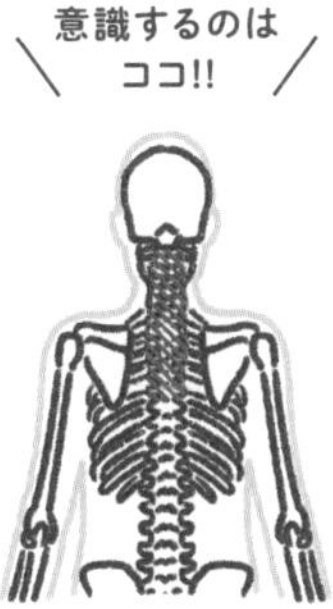

PROCESS. 1

両手を重ね、みぞおちを押さえる

▶ **肩が上がりやすいので注意**

PROCESS. 2

頭を後ろに引く

▶ **のど元を斜め上に引くイメージで**
▶ **みぞおちが前に出ないように注意**

10秒間キープ×5セット 目標

LEARNING

PRACTICE

アッパーバックエクステンションで
頭を正しい位置に戻す

効果

- ✔ 首(頸椎)のカーブができる
- ✔ 頭の位置が本来あるべき場所に記憶される
- ✔ スマホ首、デスクワーク猫背が解消する

スタートポジションのポイント

うつ伏せで寝る／肩の横にひじがくるように／足の親指は内側に向ける／アゴを引きすぎないようにしながら、鼻先を床につける

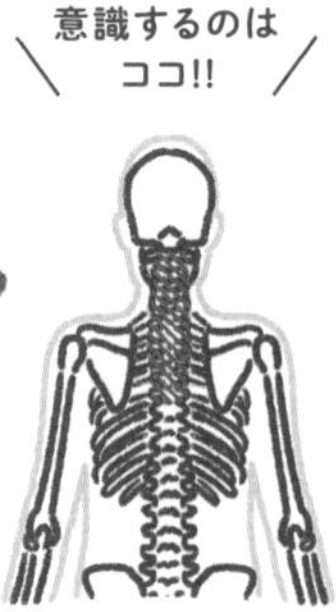

PROCESS. 1

頭頂と足裏をイラストの矢印のように伸ばす

▶ お腹の奥が引き上がる感覚があるとGOOD

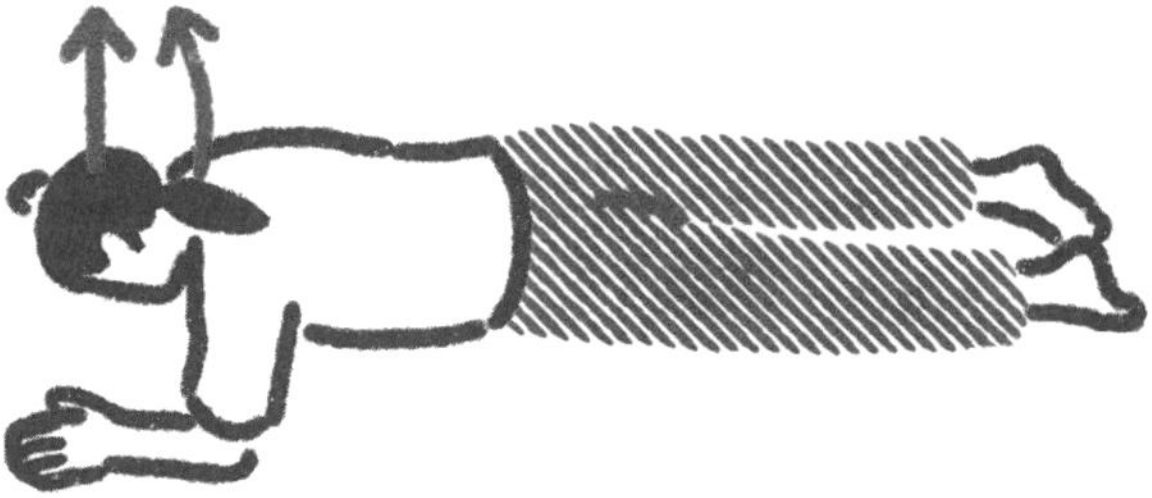

PROCESS. 2

頭だけを天井方向へ引く

▶ のど元を斜め上に引くイメージ ▶ ひじをなるべく遠くに置く
▶ お腹の力が抜けると、腰が反りやすくなるので注意

目標
10秒間キープ×5セット

LEARNING PRACTICE

Wトレーニングで肩甲骨まわりを引き締める

効果

- 肩甲骨が正しい位置に戻り、姿勢が改善する
- 首から肩までのシルエットがキレイになる
- 背中のはみ肉が解消する

スタートポジションのポイント

頭・肋骨・骨盤を一直線にしてイスに座る／足幅・膝幅はこぶし1個分

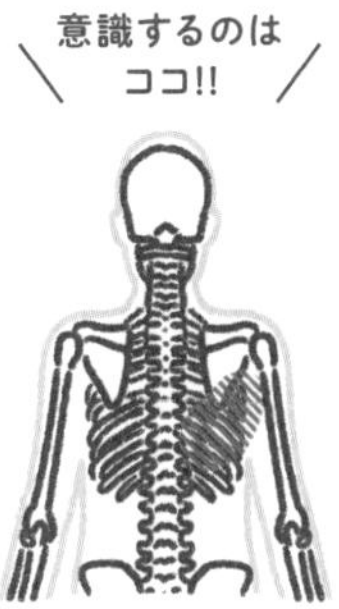

PROCESS.1

両手でバンザイをする

▶ **頭が前に倒れないように**
▶ **つま先を正面に向ける**

PROCESS.2

ひじをカラダに近づけるように曲げる。PROCESS.1と2を繰り返す

▶ **小指を軽く曲げると効果アップ**
▶ **腕の付け根から背中に効いている感覚があるとGOOD**

20回 目標

第7章

二の腕のたるみを
気にせず、
肩を出したい！

「手を振ったら二の腕が揺れて気になった」
「二の腕を隠すために、袖が広がっている服を選びがち」
など、二の腕のたるみが
気になる人も多いのではないでしょうか。
二の腕のエクササイズはたくさんありますが、
太くなる原因を正しく理解せずに行うと、
さらに腕が太くなる可能性があります。
「リリース」→「ストレッチ」の順に実践し、
二の腕のたるみを解消していきましょう。

動画でCHECK!

LEARNING

PRACTICE

二の腕が太くなる意外な原因

ポイント

- 肩の位置や腕の骨の向きによって、二の腕は細く見える
- エクササイズの順番を間違えると、腕はさらに太くなる
- 力こぶの筋肉を伸ばし、二の腕の筋肉を使うことが大切

二の腕の見え方

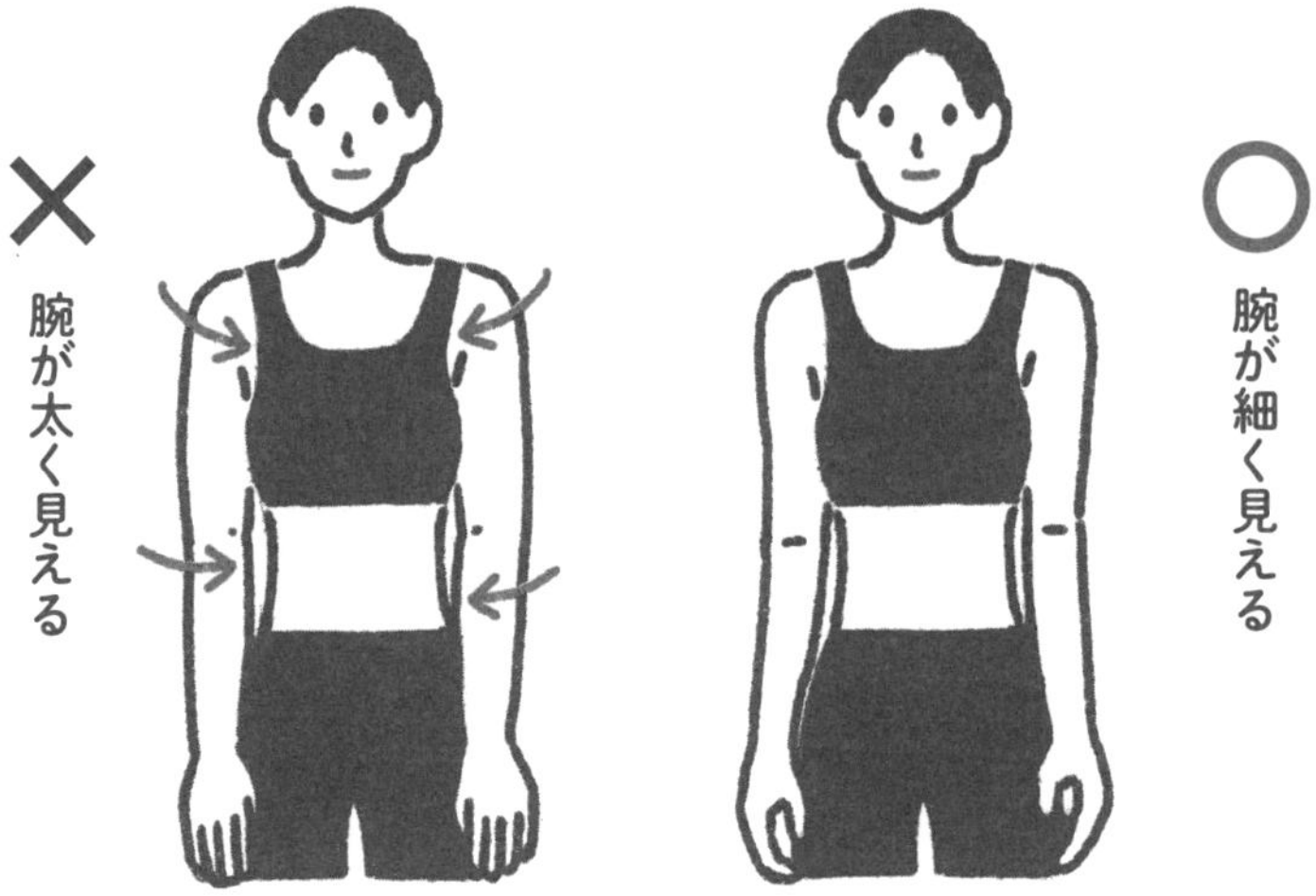

肩の位置や腕の骨の向きで、二の腕の太さが変わって見える

二の腕が太くなる原因は、**スマホ姿勢やデスクワーク猫背によって、肩が内側に入り、ひじが曲がった姿勢が続くこと**にあります。

肩が内側に入ってしまうと、自然と腕が太く見えてしまいます。また、**リンパや血液の流れが滞り、老廃物が流れにくくなったり、二の腕の脂肪が燃焼しにくくなる**など、多くの悩みを引き起こします。

また、ひじが曲がった姿勢が続くと、力こぶの筋肉を使いすぎてしまい、反対側にある二の腕の筋肉（上腕三頭筋）がサボってしまうため、二の腕のお肉がたるみやすくなります。

使いすぎた力こぶの筋肉を伸ばし、たるんでしまった二の腕の筋肉を積極的に使えるようにしていきましょう。

ただし、二の腕のエクササイズは肩を正しい位置に戻さずに行ってしまうと、腕がさらに太くなる可能性があります。十分注意して行いましょう。

LEARNING

PRACTICE

上肢リンパリリースで リンパや血流を良くし、腕肩まわりをスッキリ

効果

- ✓ 腕肩まわりのお肉がスッキリする
- ✓ 肩が正しい位置に戻る
- ✓ リンパの流れが良くなるため、腕が軽くなる

スタートポジションのポイント

イスに座る／足幅・膝幅はこぶし1個分／
右手の親指で左脇のリンパ節を軽く押さえる

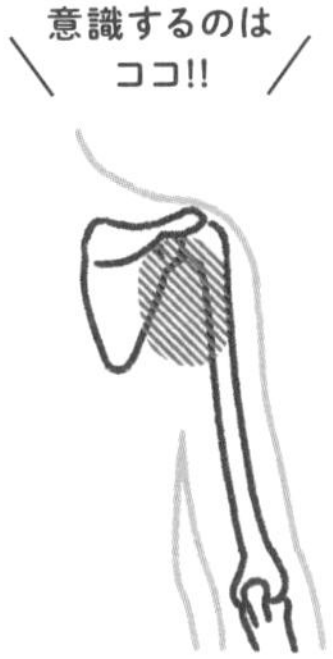

PROCESS. 1

リンパ節を押さえながら、左腕を
内側・外側にひねる

▶腕の付け根から動かすとGOOD

PROCESS. 2

リンパ節を押さえながら、ひじを曲げて
腕を回す。内回し→外回しの順で行う

▶胸も一緒に動くくらい大きく回すとGOOD

PROCESS. 3

ひじから脇の下に向けて、二の腕をな
でるようにマッサージする

▶リンパを流すイメージで
▶「優しくなでる」を意識する

目標　各PROCESS　左右入れ替えて15回ずつ

LEARNING

PRACTICE

指反りストレッチで
首と肩をリラックスさせる

効果

- 首・肩・力こぶの筋肉の緊張を和らげることができる
- 肩を正しい位置に戻すことができる
- 二の腕の筋肉（上腕三頭筋）が使いやすくなる

スタートポジションのポイント

頭・肋骨・骨盤を一直線にしてイスに座る／足幅・膝幅はこぶし1個分

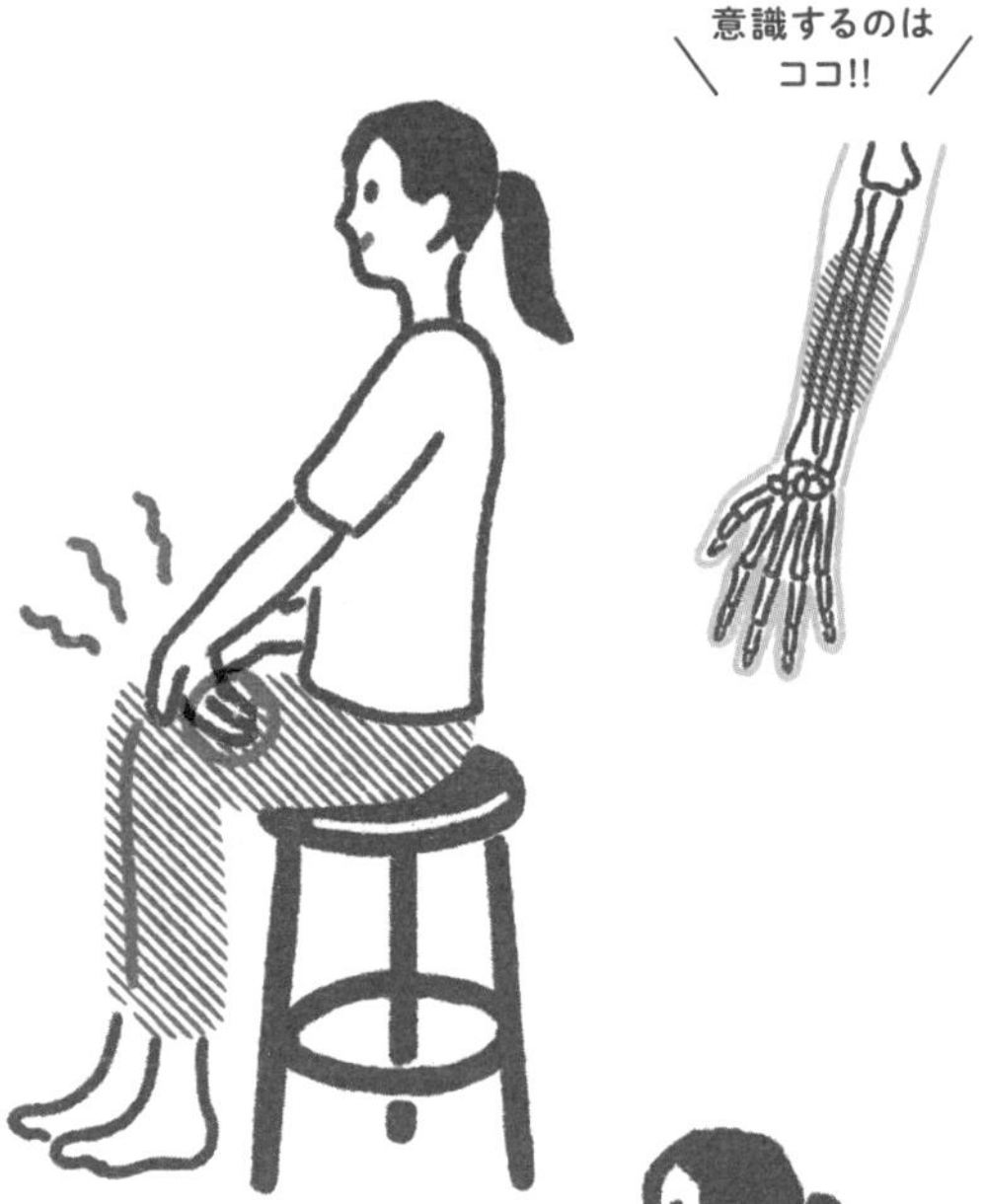

PROCESS. 1

手のひらを前に向け、太ももに親指以外の指を押し当てる

- ▶ **肩が上がりやすいので注意**
- ▶ **指の付け根から押し当てる**

PROCESS. 2

指を太ももに押し当てたまま、ひじを太ももに近づける

- ▶ **ゆっくり近づける**
- ▶ **指の付け根が太ももから離れないように注意**

目標 左右入れ替えて20秒間ずつキープ×2セット

LEARNING PRACTICE

ディップスで肩甲骨をクッキリ&二の腕を引き締める

効果

- ✓ 二の腕が引き締まる
- ✓ 肩甲骨を下げる筋肉（僧帽筋下部）を使えるようにして、首長効果
- ✓ 埋もれた肩甲骨が、クッキリ見えるようになる

スタートポジションのポイント

お尻を少しだけイスに乗せる／お尻のすぐ横に手をつく／足幅・膝幅はこぶし1個分／手の指先を少し外側に向ける

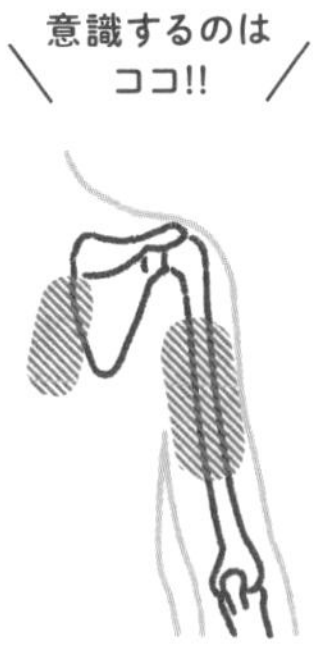

PROCESS. 1

ひじを真後ろに曲げる

▶ **ひじが開きやすいので注意**
▶ **肩が上がりやすいので注意**

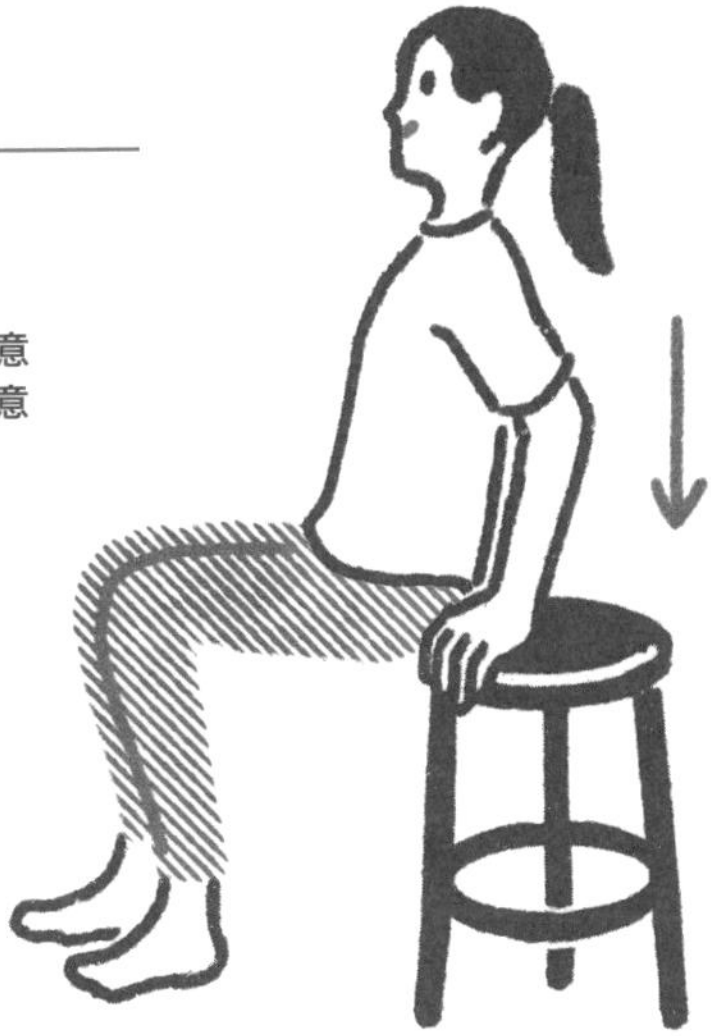

PROCESS. 2

ひじを伸ばす。曲げ伸ばしを繰り返す

▶ **肩の位置が安定しない場合は、15秒間キープに変更するとGOOD**
▶ **手首でイスを押すとGOOD**

20回 目標

おわりに

私が初めて担当するお客様に、必ず伝えていることがあります。

それは……

「ほんの少しの自信」と「自分が見られているという意識」を持つことです。

これこそが、「カラダが変わる人」と「変わらない人」の違いであり、エクササイズの効果を最大限に引き出す方法でもあります。

今よりほんの少しでいいから、「私はイケてる」と思ってみてください。目線が上がり、今より良い姿勢になるはずです。

自分が見られている意識を持つなんて無理だと思ったら、目の前に超絶タイプの人がいると思ってください。少しでも良く見られようと、良い姿勢を意識すると思います。

この意識は、本書で紹介している**正しい姿勢を習慣化**させるためにも重要な要素なのです。

今を生きる私たちは本当に忙しいですよね。だからこそ、楽しみながら、小さな努力を積み重ねていきましょう。それが一番の近道です。

「カラダが変わると自信が持てる」から**「自信を持つとカラダは変わる」に考え方を変える**だけで、あなたのカラダは素直に変わっていきます。

大丈夫。あなたはもっと美しくなれるから。

この本が「カラダが変わり人生が変わるきっかけ」だけではなく、「自分に自信が持てるきっかけ」になったら嬉しい限りです。

イラスト：かざまりさ
ブックデザイン：月足智子
DTP：美創

渡部龍哉

Pilates Training Studio hip joint代表。医師が推奨する医科学的根拠に基づいたメソッドは、つま先から頭頂まで美しくしなやかなボディラインになると、モデルやタレントからも信頼を得ている。ボディメイクに特化したReline Pilates® Associationを創設するなど、指導者育成に尽力。全国各地に受講生がいる。「世界一受けたい授業」(日本テレビ系列)にも出演。著書に、『モデルが始めている10日間で脚からキレイにやせる「美脚トレ」』(宝島社)、『1日1分！ゆる関節ストレッチ』(アスコム)がある。

オトナ女子のコンプレックス解消図鑑

2024年2月20日　第1刷発行

著　者　渡部龍哉
発行人　見城 徹
編集人　菊地朱雅子
編集者　茂木 梓、袖山満一子

発行所　株式会社 幻冬舎
〒151-0051 東京都渋谷区千駄ヶ谷4-9-7
電話：03(5411)6211(編集)
03(5411)6222(営業)
公式HP：https://www.gentosha.co.jp/

印刷・製本所　株式会社 光邦

検印廃止

Printed in Japan
ISBN978-4-344-04188-2 C0095

この本に関するご意見・ご感想は、下記アンケートフォームからお寄せください。
https://www.gentosha.co.jp/e/